애덤 스미스 『도덕감정론』 읽기

―상업사회 탐구

김영용_경북대학교 경제통상학부 초빙교수

현재 경북대학교와 포스텍에서 학생들을 가르치고 있다. 생산 시스템의 사회적 성격에 관한 박사학위 논문 이후 제도 경제학을 연구해 왔다. 또한 정치경제학과 경제사상사 분야에 대해 줄곧 관심을 가지고 스미스나 마르크스의 저작들을 살피고 있다. 특히 마르크스 『자본』 독서의 산물로 『노동가치 탐구: 자본 제1권 1, 2, 3장에 대한 주석』을 출간한 바 있다.

경북대학교 인문교양총서 56

애덤 스미스 『도덕감정론』 읽기
— 상업사회 탐구

초판 1쇄 인쇄	2023년 7월 27일
초판 1쇄 발행	2023년 8월 14일

지은이	김영용
기 획	경북대학교 인문대학
펴낸이	이대현
편 집	이태곤 권분옥 임애정 강윤경
디자인	안혜진 최선주 이경진
마케팅	박태훈

펴낸곳	도서출판 역락
출판등록	1999년 4월 19일 제303-2002-000014호
주소	서울시 서초구 동광로 46길 6-6 문창빌딩 2층 (우-06589)
전화	02-3409-2060
팩스	02-3409-2059
홈페이지	www.youkrackbooks.com
이메일	youkrack@hanmail.net

ISBN 979-11-6742-570-6 04300
　　　 978-89-5556-896-7(세트)

이 책은 정부재정(지원)사업(국립대학육성사업)으로 한국연구재단의 지원을 받아 경북대학교 인문대학에서 제작되었습니다.

애덤 스미스
『도덕감정론』 읽기
―상업사회 탐구

김영용 지음

경북대학교 인문교양총서

056

역락

이 저서를 재산의 길과 지혜의 길을 모두 걸으셨던

아버지께 바친다.

『도덕감정론』으로 애덤 스미스 읽기

박순성 (경제학 박사, 전 동국대학교 교수)

애덤 스미스가 태어난 지 300년이 되는 2023년, 한국에서도 스미스의 사회경제사상을 『도덕감정론』에 기초하여 새롭게 해석한 저서가 마침내 국내 경제학자에 의해 발간되었다.

자유자본주의의 모순을 극복하기 위해 등장했던 사회주의체제와 복지국가가 각각 모순과 한계를 드러내기 시작하던 1970년대 후반, 『국부론』 발간 200주년을 계기로 스미스 전집이 발간되었다. 이 시기에 스미스 연구자들은 『국부론』의 자유주의 정치경제학에 기반을 두면서도 『도덕감정론』의 도덕철학과 정치경제학을 융합함으로써, 이기심의 원리에 매몰된 자유주의 경제학의 한계를 넘어서는 스미스의 사회경제사상을 제시하는 데에 주력하였다. 이후, 1980년대 후반부터 1990년대 초반까지 일어났던 동유럽 공산주의국가들의 붕괴와 체제 전환 그리고 신자유주의의 득세와 세계화는 스미스의 자유주의 사회경제사상을 경제적 자유주의로 환원하려는 경향을 낳기도 했다.

스미스 연구는 1990년대 말부터 정치경제학 영역을 벗어나 도덕철학과 정치·사회사상사 영역에서 활발하게 이루어졌다. 연구자들은 스미스가 죽기 직전까지 수정하고 보완했던 『도덕감정론』을 스미스의 핵심 사상을 담고 있는 저서로 평가하면서, 스미스의 사상을 한편으로는 맨더빌과 루소의 사상에, 다른 한편으로는 흄과 칸트의 사상에 비교하였다. 특히, 2000년대에 들어서서 신자유주의 사회경제체제의 모순이 본격적으로 드러나자, 스미스 연구자들은 『도덕감정론』의 도덕철학에서 출발하여 『국부론』의 정치경제학을 재해석하고 신자유주의 이데올로기로부터 벗어난 스미스의 자유주의 사회경제사상을 재구축하려고 노력하였다. 이러한 스미스 연구의 세계적 흐름을 놓고 볼 때, 김영용 교수의 저서는 2000년대 이후 나타난 스미스 연구의 경향과 성과를 잘 반영하고 있다.

저자는 자신이 '18세기의 문제'라고 명명한 '근대사회 질서의 원천과 행복 가능성에 관한 문제', 더 정확하게는 '상업사회의 번영과 안정의 문제'와 '개인의 자유와 안전의 문제'를 기본 축으로 놓고 스미스 사회경제사상을 해석해 낸다. 저자에 따르면, 개인의 이기심과 허영심은 상업사회를 움직이고 나아가게 하는 원동력이지만 동시에 상업사회의 안정성을 위협하고 개인의 삶을 유동적이고 불안정하게 만든다. 상업사회는 문명의 진보를 가져왔지만 사회와 개인 모두를 위험에 빠뜨릴 모순을 안고 있다. 이러한 상업사회의 고유한 모순을 해결하기 위해서는 상업사회에서 '사회적 유대와 연결'을 가능하게 하는 원리를, 상업사회가 '사회적 승인'을 통해 자체의 안정성을 확보하는 메커니즘을 발견해야만 한다. 저자는 『도덕감정론』에서 그 가능성을 찾아낸다.

스미스의 『도덕감정론』은 모든 사람이 가지고 있는 타인과 공감하려는 자연적 성향이 어떻게 상업사회의 질서를 안정화하고 개인의 행복을 보장할 수 있는지를 보여준다. 저자는 『도덕감정론』의 핵심 원리인 공감의 원리로부터 사회 질서를 지키는 정의라는 덕목이, 또한 개인 행복을 보장하는 신중함(신중과 신려)이라는 덕목이 나타남을 보여준다. 정의와 신중함은 개인의 이기심과 허영심을 적절하게 견제함으로써 상업사회의 번영과 안정을, 개인의 자유와 안전을 동시에 모두 보장한다. 나아가, 저자는 인간 의식 영역에서는 공감이 작동하고(도덕철학) 물질적 삶의 영역에서는 분업 및 교환이 작동함으로써(정치경제학) 상업사회의 딜레마가 비로소 해결된다고 역설한다. 이런 점에서 『도덕감정론』은 '18세기의 문제'를 해결하는 스미스 사회경제사상의 출발점이자 종착점이다. 『국부론』의 정치경제학은 『도덕감정론』의 도덕철학에 바탕을 두어야 하며, 또 『도덕감정론』의 세계로 궁극적으로 돌아와야 한다.

스미스의 사회경제사상에 대한 적극적이고 포괄적인 해석을 제시하고 있는 김영용 교수의 저서는 무엇보다도 대중들이 쉽게 다가갈 수 있는 책이다. 이 책의 독자들은 저자의 체계적 안내에 따라 '스미스 사상의 입구'에 도달함으로써 스미스의 저서들을 직접 읽고 스미스 사회경제사상의 왜곡되지 않은 진면목을 이해하게 될 것이다. 독자들이 책을 읽어 가면서 맛보게 되는 근현대 사상가들의 다양한 지혜는 독서의 재미를 더한다.

한편, 이 책의 덕목은 저자가 스미스 사회경제사상에 대한 균형감을 잃지 않으려고 하는 데에서도 발견된다. 스미스의 통찰력이 현대 사회의 이해에 도움을 준다는 사실(스미스 사상의 현재성)을 강조하면서도, 저자는 현대 사회의 불평등 문제와 자유 침해 문제를 간과하게 만들지도 모르는 스미스 사회경제사상의 한계(역사성)를 지적하는 데에 망설임이 없다. 독자들은 스미스의 사회경제사상을 공정하게 평가하려는 저자의 문제의식으로부터 스미스 저서들을 자신의 힘으로 읽어내려는 저자의 자세를 배우고, 나아가 고전에 주눅들지 않고 독자 스스로가 독서의 주체가 되는 태도를 갖게 될 것이다.

애덤 스미스의 사회경제사상에 대한 대중적 입문서로서 명료하면서도 새로운 해석을 담은 김영용 교수의 저서를 읽고 나면, 우리는 애덤 스미스에 대한 본격적인 연구서를 그에게 기대하게 된다. 과연 공감의 원리는 실제로 상업사회의 현실에서 얼마나 작동하는가? 도덕의 일반규칙은 상업사회 질서의 안정성을 보장하고, 나아가 개인에게 행복을 가져다줄 수 있을 정도로 진정 사람들의 행동을 규율하는가? 스미스의 도덕철학은 다른 도덕철학에 비해 어떠한 장점과 한계를 지니고 있는가? 『도덕감정론』과 『국부론』 사이의 긴장 또는 갈등을 가리키는 '애덤 스미스 문제'는 진정으로 해결되었는가, 아니면 여전히 우리에게 새로운 문제를 던지고 있는가? 『도덕감정론』에서 무수하게 등장하는 도덕적 실패의 사례는 도덕철학으로부터 포괄적인 사회이론을 도출하려는 시도에 대한 비판으로 읽혀야 하지 않은가? 『국부론』의 여기저기에서 드러나는 상업사회에 대한 규범적 비판은 한편으로는 『국부론』에서 제시되고 있는 정치경제학의 이론적 정합성을 위협하고, 또 다른 한편으로는 도덕철학과 정치경제학의 틀을 벗어나는 스미스 사회경제사상의 복잡하고 포괄적인 특성을 보여주고 있지 않은가? 사실, 이러한 질문들에 대한 스미스의 답변을 그의 저작으로부터 찾아내고 그러한 스미스의 답변에 대해 '균형 잡힌 그리고 공정한 평가'를 내리는 연구서는 21세기 대한민국의 그리고 지구촌 전체의 사회경제 현실과 이데올로기 지형에서 너무도 긴급하게 요구되고 있다.

인간의 본성과 도덕 그리고 덕성에 관한 안내

박종현 (경상국립대학교 교수)

가장 많이 인용되고 있지만 왜곡해서 인용되는 대표적인 학자 중 한 사람이 애덤 스미스이다. 애덤 스미스는 흔히 자유방임 자본주의의 열렬한 옹호자이자 개인의 이기심과 자기이익 추구 행위를 정당화하는 최상의 논리를 제공한 경제학자로 알려져 있다. 그러나 이러한 통념은 밀튼 프리드먼과 프리드리히 하이에크로 대표되는 시카고학파나 신자유주의 경제학에 의해 만들어진 것으로, 애덤 스미스가 실제로 펼친 주장은 그렇지 않다.

애덤 스미스가 이해하는 개인은 이기심을 한껏 발휘하고 자기이익을 무제한적으로 추구하는 존재가 아니며, 시장이라는 경제 활동의 공간 또한 보이지 않는 손의 신비로운 작용에 의해 사회 전체의 이익이 달성되는 자동조정의 균형 공간이 아니다. 그가 이해하는 개인은 타인에 비해 자신을 앞세우고 이익을 추구하되, 어떤 주어진 선을 넘어서까지 자신에 대한 사랑을 우선시하는 존재가 아니다. 그가 이해하는 사람들 사이의 관계는 상호이익의 원리에 기반한 경제적 교환관계를 넘어서는 훨씬 더 복잡하고 입체적인 관계이다. 그는 세간의 오해와 달리 탐욕과 이기심이 공공의 경제적 안녕에 기여할 수 있다고 말하지 않았으며, 인간은 그보다 훨씬 더 복잡하고 훌륭한 존재라고 믿었다.

애덤 스미스(1723-1790)는 경제학과 도덕철학이 긴밀히 연결된다고 보았고, 인간 본성에 대한 총체적인 이해를 추구하는 데 평생을 바쳤다. 그는 경제의 진정한 부를 구성하는 것은 무엇이며 진정한 부가 어떻게 달성될 수 있는지, 인간의 진정한 행복은 무엇이며 인간의 행복은 어떻게 달성될 수 있는지, 부와 행복의 상호관계는 무엇이며 양자는 어떻게 연결되어 있는지, 모든 시민들이 번영을 누릴 뿐 아니라 목적과 의미로 충만한 삶을 살아가도록 하려면 개인적으로 어떠한 덕목이 필요하고 사회적으로 어떠한 제도가 필요한지 등의 질문을 던지고 이에 대한 대답을 찾고 체계화하는 데 삶의 의미를 부여한 '세속의 철학자'였다.

애덤 스미스의 인간 본성에 관한 질문과 대답을 집대성한 것이 바로 『도덕감정론』인데, 이 책은 그가 36세 때 초판이 발행되었고 그가 세상을 떠난 해에 마지막으로 6판이 발행되는 등 평생 동안 그와 함께 했다. 이 책의 일차적 탐구 대상은 인간 본성 및 심리에 관한 이해 그리고 인간의 진정한 행복을 구성하는 것에 관한 이해였으며, 이 책에서 스미스가 주목했던 현상은 인간의 도덕적 판단 과정이었다. 그는 인간의 판단에 관한 관찰들로부터 규칙적으로 반복되는 패턴들을 찾으려 했고, 이러한 패턴을 설명하는 가설들을 세웠으며, 이 가설을 새로운 관찰들과 견주면서 검증하려 했다. 이 점에서 『도덕감정론』은 인간의 도덕성을 '경제학자'의 방법으로 해명하려 한 최초의 본격적인 시도였다고 할 수 있다.

스미스가 『도덕감정론』에서 주목하는 인간 본성의 핵심 키워드는 이기심이 아니라 '감정의 상호동감'이다. 인간은 타고나기를 이웃들로부터 '감정의 상호동감'을 갈구한다는 것이다. 이때 '동감'의 본질은, 연민이나 동정이 아니라, '같이 느낀다'는 데 있다. 스미스에 따르면, 우리는 우리 자신의 판단과 감정이 타인들 속에서도 울려 퍼지기를 바란다. 이 점에서 그가 주창하는 도덕적 인간학의 근본적인 구성요소는 감정의 상호동감을 향한 열망이다. 이처럼 자신의 감정을 이웃과 내면에 깃든 불편부당한 관찰자로부터 인정받고자 하는 열망이 사회의 구심력으로 작용하며 타인들과 공동체를 이룰 수 있게 한다.

『도덕감정론』은 원서로는 467쪽, 번역서로는 700쪽이 넘는 방대한 책이다. 인간의 본성과 도덕 그리고 덕성에 관한 대단히 세밀한 탐구가 개인을 대상으로 한 미시적 차원과 사회를 대상으로 한 거시적 차원에서 촘촘히 연결된 가운데 펼쳐지고 있는데, 총 7부로 구성되어 있다. 각 부의 표제는 행위의 적정성, 공로와 과실 또는 보상과 처벌의 대상, 우리 자신의 감정과 행위에 관한 판단의 기초 및 의무감, 효용이 승인의 감정에 미치는 효과, 관습과 유행이 도덕적 승인과 부인의 감정에 미치는 영향, 덕성의 성격, 도덕철학의 여러 체계이다. 이처럼 내용이 방대하고 관찰과 가설, 분석과 종합이 높은 밀도로 전개되다 보니, 초심자가 편한 마음으로 쉽게 읽는 데는 진입장벽이 제법 높다고 할 수 있다.

사정이 이렇다 보니, 『도덕감정론』이 세상 사람들에게 보다 많이 읽히도록 하기 위해 이 책을 원재료 삼아 핵심 메시지를 압축적으로 요약하고 음미할 가치가 있다고 판단되는 문장들을 선별해서 애덤 스미스의 지적 탐구를 널리 알리는 안내서들이 많이 출판이 되었고 이 중에는 훌륭한 재구성으로 대중들로부터 사랑을 받는 책들도 있다. 정치경제학 분야와 경제학사 분야에서 깊은 공력을 쌓은 김영용 박사의 이번 저서 『애덤 스미스 「도덕감정론」 읽기-상업사회 탐구』도 그런 성격의 책이다. 그런데 이 책은 기존에 출간된 다른 책들과 차별화되는 장점이 있다.

첫째, 『도덕감정론』의 핵심 테마를 훌륭하게 소개하고 있다. 『도덕감정론』에는 인간의 본성에 관한 통찰들이 곳곳에 펼쳐져 있으며, 그 빛나는 문장들을 음미하는 것만으로도 깨달음의 지적 희열을 느낄 수 있다. 하지만 여러 논점들이 실타래처럼 얽혀 있어서, 나무는 보았으되 숲을 파악하지 못하고, 1부에서부터 8부에 이르기까지의 전체 체계를 수미일관되게 하나의 논리로 꿰어서 자신의 것으로 만들기는 어려운 것이 대부분의 독자가 부닥치는 현실이며, 기존에 나온 해설서나 안내서들에 의해서도 그 갈증이 채워지지 못하는 경우가 대부분이다. 반면 『애덤 스미스 「도덕감정론」 읽기-상업사회 탐구』는 애덤 스미스가 『도덕감정론』을 통해 해명하려 한 핵심 대상을 '18세기의 문제' 또는 '상업사회 탐구'로 설정하고 이 책의 여러 개념들이 이 문제를 해명하는

데 어떻게 사용되고 있는지를 솜씨 좋게 보여주고 있다. 독자들은 이 안내서를 통해 스미스 당대에 움트고 있던 '상업사회'가 어떻게 작동되고 있는지, 기존 사회에 비해 어떤 장점과 가능성을 지니고 있는지, 그런 장점과 더불어 어떤 부작용을 낳고 있는지, 그런 부작용에도 불구하고 이 사회가 왜 인류의 역사에서 진보인지, 이 사회가 인간의 행복에 진정으로 기여하려면 어떤 개인적 덕성과 사회적 제도가 필요한지 그리고 무엇보다도 도덕감정이 이 과정에서 어떤 역할을 담당하는지에 관한 선명한 그림을 얻게 될 것이다.

둘째, 애덤 스미스가 『도덕감정론』을 통해 제시하는 개인적 덕성들을 솜씨 좋게 제시하고 있어, 독자들이 사회 속 개인으로서 그리고 훌륭한 시민으로서 살아가는 데 필요한 사회적 삶의 기술들을 깨닫고 익히는 데 큰 도움을 줄 수 있다. 독자들은 공정한 관찰자를 통해 상업사회에서 인간은 자신의 물질적 상태를 개선시킬 유인을 갖지만 동시에 자신의 도덕적 미덕을 고양시킬 유인도 가지게 되고, 칭찬을 갈구하지만 동시에 내면에 깃든 공정한 관찰자의 감시와 격려에 힘입어 칭찬받을 만한 존재가 되기 위해 노력한다는 점을 깨닫게 될 것이다. 독자들은 또한 인간이 허영과 자기기만의 유혹에 노출될 수밖에 없지만 그 유혹을 사회성의 기반으로 삼고 자신의 발전을 위한 동력으로 삼을 수 있으며 신중의 덕성을 통해 그 유혹을 제어할 수 있음을 배우게 될 것이다. 스미스는 개인이 각자의 이익을 추구하면서도 서로의 동감과 존경과 사회적 인정을 갈구하는 존재이며 도덕적인 동감과 사회적 인정에 대한 갈망이 개인들로 하여금 좋은 판단을 내리는 힘이 될 수 있다고 믿었다. 이 점에서 스미스의 윤리는 신중과 정의 그리고 선의와 자기통제 사이의 균형에 기반하고 있다고 볼 수 있는데, 독자들은 개인이 덕행을 행하도록 만드는 것은 무엇인지, 어떠한 조건에서 덕행이 잘 발휘될 수 있는지를 인식함으로써, 합리적 경제주체이자 공동선을 달성하는 데 적극 나서는 시민으로서 행동하는 방법에 관해 관심을 가질 수 있게 될 것이다.

셋째, 독자들은 김영용 박사의 책을 통해 『도덕감정론』의 핵심을 이해하고 주요 개념들과 대표적인 문장들을 음미하게 될 텐데, 이 과정에서 『도덕감정론』을 읽고 싶다는 욕구를 느끼게 될 가능성이 높다. 그것은 이 책이 『도덕감정론』이라는 방대한 밀림 곳곳을 충분히 음미하면서 여정을 안전하게 마무리하고 다시 문명 세상으로 나올 수 있는 지도로서의 역할을 훌륭하게 해낸 결과이자 『도덕감정론』의 매력을 압축적으로 잘 전달한 결과일 것이다. 『도덕감정론』의 문장 중 개인적으로 가장 좋았던 문장이자 스미스의 고유한 생각을 잘 드러낸다고 여겨졌던 문장을 하나 소개하고 싶다.

많은 경우 우리로 하여금 그러한 신성한 미덕을 행하도록 촉구하는 것은 우리의 이웃에 대한 사랑도 아니고 인류에 대한 사랑도 아니다. 그러한 경우에 통상 생기는 것은 보

다 강한 사랑, 보다 강력한 애착, 즉 명예스럽고 고귀한 것
에 대한 우리의 사랑, 우리 자신의 성격의 숭고함, 존엄성,
탁월성에 대한 사랑인 것이다(『도덕감정론』, 254).

넷째, 『애덤 스미스 『도덕감정론』 읽기 - 상업사회 탐구』는 『도
덕감정론』의 해설에 더해 핵심 개념이나 논의에 관한 재해석이나
평가가 '부록'의 형태로 포함되어 있는데, 이들로 인해 이 책의 가
치가 한층 높아졌다고 생각된다. 8장의 '편리함과 완벽함: 상업사
회의 주객전도', 10장의 '부드러운 상업: 상업사회 도덕의 원천',
13장 '공감과 교환: 상업사회의 연관 및 승인 원리'가 그곳이다.

다섯째, 『애덤 스미스 「도덕감정론」 읽기 - 상업사회 탐구』는
『도덕감정론』에 대한 훌륭한 안내서에만 머물지 않고 『도덕감정
론』에 대한 비판서로서의 성격도 지니는데, 그 비판이 자의적이
거나 편파적이지 않고 애덤 스미스의 논리를 최대한 수용한 가운
데 행해지는 내재적 비판이라는 점에서 그 가치가 높다. 이러한
비판은 『도덕감정론』 이외에도 『국부론』과 『법학강의』와 같은 스
미스의 여타 저작은 물론 경제학을 포함해 여러 분과학문의 연구
성과나 문학작품도 함께 검토하는 등 김영용 박사가 기울인 남다
른 정성에 더해 마르크스 경제학과 경제학사 전반에 관한 깊은
연구에 기반한 고유의 시각이 함께하기에 가능했을 것이다. '부
록'과 비판 부분은 스미스의 생각과 김영용 박사의 생각이 서로
맞부딪침으로써 새로운 아이디어의 출현 가능성도 시사해준다는

점에서 특히 흥미롭다.

애덤 스미스 탄생 300년을 맞이하는 2023년, 그의 최고 작품인 『도덕감정론』을 새롭게 소개하는 김영용 박사의 책이 출간된 것은 각별한 의미를 지닌다. 협력보다는 경쟁이 당연시되고, 위선보다 위악이 오히려 옹호되며, 노골적인 이익추구를 합리화하려는 이 시대에 상호동감의 가치와 희열에 주목하는 이 책이 대한민국의 시민과 청년에게 새로운 희망을 주기를 기대해 본다.

스코틀랜드 계몽주의가 던진 질문

최정규 (경북대학교 교수)

　　아담 스미스만큼 다양한 해석을 가능케 하는 학자는 없었을 것이다. 일반 독자들뿐 아니라 내로라하는 학자들까지도 같은 사람의 같은 저작을 놓고 그렇게 상반된 해석을 내놓는 경우는 흔치 않은 듯하다. 누군가의 눈에는 아담 스미스가 자유방임을 강조한 학자로 비쳐지기도 하고, 또 누군가의 눈에는 시장이 초래한 여러 문제들을 심각히 고민한 학자로 보이기도 한다.

　　아담 스미스의 두 저작인 『국부론』과 『도덕감정론』 사이에 보이는 간극이 언제나 문제였다. 『도덕감정론』의 첫 구절은 "사람의 이기심이 아무리 특징적인 것으로 상정된다고 해도, 인간의 본성 가운데는 타인의 운명에 관심을 가지며, 설령 타인들의 행복을 지켜보는 즐거움을 제외하고는 아무것도 얻지 못할지라도 그들의 행복을 자신에게 필요불가결하게 만드는 일부 원리들이 분명 존재한다"라고 써놓고(김광수 역, 『도덕감정론』, 87), 『국부론』의 도입부인 제1편에서는 "우리가 매일 식사를 마련할 수 있는 것은 푸줏간 주인과 양조장 주인 그리고 빵집 주인의 자비심 때문이 아니라, 그들 자신의 이익을 위한 그들의 고려 때문이다. 우리는 그

애덤 스미스 『도덕감정론』 읽기

들의 자비심에 호소하지 않고 그들의 자애심에 호소하며, 그들에게 우리 자신의 필요를 말하지 않고 그들 자신에게 유리함을 말한다"고 썼다(『국부론(상)』, 18-19). 이러한 상반된 내용을 담고 있는 듯한 두 저작 사이의 일관성 혹은 비일관성을 주장하면서 일련의 논쟁이 진행되었고, 이를 가리켜 아담 스미스의 문제(Das Adam Smith Problem)라고 불렀다.

독자들이 그리고 학자들이 자신의 입맛에 맞는 아담 스미스를 발견하려고 그의 저작을 편파적으로 독해해온 것도 그 이유 중 하나임에 분명하지만, 아담 스미스의 저작 자체가 그를(혹은 그의 저작을) 다면적으로 이해할 수밖에 없도록 만드는 측면이 있다는 점도 부정할 수는 없는 것 같다. 어쩌면 사람들이 아담 스미스에게서 발견하는 비일관성은 그의 비일관성이라기보다는 그가 바라보는 "상업사회"라고 이름 붙여진 근대가 모순적이고, 그 사회가 직면한 문제들이 근본적으로 해결 불가능한 것들이기 때문일지도 모른다.

영국에서 계몽주의는(혹은 그와 대별되는 형태로서의 스코틀랜드의 계몽주의는) 홉스와 로크가 던진 질문, 즉 자유로운 개인들 사이에서 질서 잡힌 사회의 모습은 어떤 것인가라는 질문에 답하는 과정에서 이루어졌다. 이 질문은 때로 신에 준거하지 않고도 개인들이 도덕적 판단을 내릴 수 있는가라는 질문, 개인들의 자기 이익 추구가 공공의 이익을 해치지 않은 채 이루어질 수 있는가라는 질문 그리고 개인들은 무엇을 통해 행복을 얻을 수 있는가라는 질문으로 나타나기도 했다. 이와 관련하여 스코틀랜드 지역에서는 개인의 도덕적 판단이 감정과 감각에 의거해서 이루어진다는 생각이 널리 퍼지고 있었는데, 스미스의 스승이었던 프란시스 허치슨이나 동료 데이비드 흄이 그 흐름에서 대표적인 사람들이었다. 스미스는 한편으로는 이들과 마찬가지로 도덕적 판단에서 감정과 감각의 역할을 중시하면서도, 다른 한편으로 여기에 사회적 승인이라는 새로운 단계를 추가했다. 즉 개인의 노동의 산물이 상품 교환을 통해 타인으로부터 승인되는 과정을 거치는 것과 마찬가지로 개인들의 감정이나 행위도 사회적 교류를 통해 타인으로부터 승인되는 과정을 거치게 된다는 점을 강조했다. 말하자면 마르크스가 노동의 산물이 근대 사회에서 상품이 된다는 것을 보이고자 했다면, 스미스는 감정이 근대 사회에서 도덕적 판단의 기준이 된다는 것을 입증하려 했다고 말할 수 있다.

김영용 교수의 『애덤 스미스 『도덕감정론』 읽기-상업사회 탐구』는 "18세기의 문제"를 "근대사회 질서의 원천과 행복 가능성에 관한 문제"라고 정의하면서 시작한다. 저자는 스미스가 "어떻게 이 감정과 정념에 기반하여 사회의 번영과 질서, 부의 축적과 시민적 덕성, 물질적 풍요와 참된 행복 간의 갈등 문제를 해결하였을까?"를 꽤 치밀하게 파고든다. 저자는 『도덕감정론』에 집중하겠다고 했지만, 많은 부분에서 『국부론』과의 연결을 시도하고 있다. 그런 점에서 이 책은 비일관적인 것처럼 보이는 스미스의 두 저작을 통일적으로 이해하고자 하는 야심찬 시도이다.

이 책의 가장 큰 장점은 텍스트에 충실하다는 것이다. 저자는 많은 논쟁점들을 안고 있는 저작에 섣불리 자신의 견해를 덧붙이려 하지 않는다. 그보다는 아담 스미스의 이전과 이후를 관통하는 다양한 당대의 저작들과 연결 고리를 만들어 나가면서 차분히 스미스의 저작을 해설한다. 상업 사회를 바라보는 스미스의 시선 자체가 매우 다면적임을 감안하면서, 저자는 근대 이후 전시기를 관통하는 그토록 질긴 난제들에 대한 정답을 찾으려 시도하기보다는, 스미스가 그 질문에 답을 찾기 위해 고민하는 과정 하나하나를 함께 짚어가고 있다. 저자는 "아담 스미스 자신이야말로 상업 사회의 가장 공정한 관찰자"라고 말하지만, 저자 자신도 아담 스미스에 대한 공정한 관찰자의 역할을 충실히 하고 있다.

얼마 전 한 시민 단체의 정직지수 조사 발표에 따르면 조사 대상 고등학생의 57%가 '만일 10억이 생긴다면 잘못을 하고 1년 정도 감옥에 들어가도 괜찮다'라는 항목에 '그렇게 하겠다'라고 답변하였다.[1] 돈은 삶에서 중요하지만 죄를 지어서라도 돈을 얻고자 하는 열망이 고등학생들의 사고에까지 만연한 상황은 우리를 우울하게 만든다. 청소년기는 평생에 걸친 삶의 태도가 형성되고 개인의 선호가 본격적으로 결정되는 시기인데 이 중요한 시기를 거치고 있는 우리 아이들이 배금주의의 포로가 되었다는 사실은 보통 심각한 일이 아니다. 우리 사회는 어쩌다 이런 지경에까지 이르게 되었을까?

돈이나 재산이 우리 삶에서 중요하다는 점은 누구나 인정하는 바이다. 만일 돈이 없다면 우리는 남이 좋아하는 일을 위해 자기 시간을 사용하여야 한다. 반면 풍족한 돈이 있다면 우리는 자기가 좋아하는 일을 위해 자신의 시간을 사용할 수 있다. 그러나 설사

---

1   https://m.hani.co.kr/arti/society/society_general/723930.html

돈이 중요하다는 점이 인정된다 해도 돈을 위해 도덕을 쉽게 희생하는 것은 정당화될 수 없는 노릇이다. 개인의 삶에서 화폐 한 단위와 맞교환될 도덕의 수준은 어느 정도인가? 아니, 화폐와 도덕 간의 소위 적정 희생률의 계산 그 자체가 비도덕적인 사고의 발로가 아닌가?[2]

그런데 재산과 도덕 간의 이러한 상충관계는 비단 오늘날의 문제만은 아니었던 듯하다. 18세기 스코틀랜드인들에게도 이 문제는 절실하고 중요한 문제로 간주되었다. 그 시기 본격적으로 개화된 자본주의 시장경제(스코틀랜드인들은 이를 상업사회라고 명명하였다)는 전례없는 물질적 풍요를 약속하는 대신 도덕적 가치의 쇠퇴라는 비용을 치러야 했다. 이러한 상황은 19세기의 한 비판적 관철자의 눈에 보다 명확하게 비추어졌다.

부르주아지는 타고난 상전들에 사람을 묶어 넣고 있던
잡다한 색깔의 봉건적 끈들을 무자비하게 끊어 버렸으며,
사람과 사람 사이의 노골적인 이해관계, 냉혹한 '현금 계산'
이외에 아무런 끈도 남겨 놓지 않았다. 부르주아지는 신앙
적 광신, 기사적 열정, 속물적 감성 등의 성스러운 외경을
이기적 타산이라는 차디찬 얼음물 속에 집어 넣어버렸다.

---

2   경제학에서 희생률(sacrifice ratio)이란 두 변수 간 상충의 정도를 표현하는
값이다.

부르주아지는 인격적 가치를 교환 가치로 용해시켜 버렸으며, 문서로 보장된 혹은 정당하게 얻어진 수많은 자유들을 단 하나의 파렴치한 상업 자유로 바꾸어 놓았다. (K. 맑스, F. 엥겔스, 1991, 402-403)

　부와 재산이 증대할수록 개인의 미덕이나 도덕은 더욱 위태로워질 듯 보이는 이 상황을 우리는 어떻게 이해하고 그 해결책을 찾을 수 있을까? 이러한 질문에 대한 최초의 진지하고 체계적인 답변이 18세기 사상가였던 스코틀랜드인 애덤 스미스로부터 주어졌다. 특히 그는 자신의 저서 『도덕감정론』에서 이 문제를 본격적으로 검토하였다.

　미국의 정치철학자이며 계몽사상 연구자인 라이언 패트릭 핸리에 따르면, 재산과 도덕 간의 상충문제에 대한 연구는 그 누구보다도 스미스가 적격이다. 왜냐하면 스미스는 상업사회의 경제원리를 탐구했던 정치경제학 연구자인 동시에 고대 스토아 철학에도 정통했던 도덕철학 연구자이기 때문이다. 그는 이기심과 경쟁, 분업과 축적이 중요하다는 사실을 누구보다 잘 파악하고 있으면서도 마음의 평정이나 삶에 대한 의연한 태도 역시 참된 행복의 원천이라는 점 또한 분명히 깨닫고 있었다. 그는 시장의 교환가치를 연구하였을 뿐 아니라 올바른 삶의 가치 또한 추구하던 사람이었다. 그는 세상사 문제에 대해 깊이 탐구하면서도 동시에 물적 이해관계로부터 초연한 사람이었다. 앞서 제기한 문제에

애덤 스미스 『도덕감정론』 읽기

대한 답변자로서 이런 스미스를 대신할 사람은 찾기 어려운 것이 사실이다. 이 책, 『애덤 스미스 『도덕감정론』 읽기-상업사회 탐구』는 이 문제에 대한 그의 답변을 요약하고 평가하기 위해 쓰여졌다.

18세기의 경우 못지않게, 아니 그 이상으로 오늘날 이 문제는 심각하다. 지금 현재 만연한 소비주의와 물신주의, 배금주의와 화폐숭배는 더 이상 인내하기 어려운 지경에까지 우리 사회를 내몰고 있다. 이러한 의미에서 우리 사회는 전례없는 도덕적 위기에 직면해 있고 이러한 위기로부터 스스로를 보호하기 위해 우리는 지적 영감을 필요로 한다. 스미스의 저서는 바로 위기를 극복하게 해줄 자원 가운데 하나가 될 수 있다.

고대 로마제국은 인류 역사상 처음으로 인구 센서스를 시행하였다. 강성한 제국의 역량을 가늠하기 위해 도입된 이 조사는 사람들을 그들이 소유하고 있는 재산의 크기에 따라 여러 집단으로 구분하였다. 인구 위계의 제일 아래쪽에는 아무런 재산도 보유하고 있지 못한 무산 계급이 위치한다. 이들은 오로지 출산을 통해 병사나 선원을 공급함으로써 조국에 봉사할 기회를 갖는다. 반면 제일 위쪽 상층부에는 재산이 가장 큰 개인들로 구성된 집단이 있다. 이들은 전쟁이 일어났을 때 자신이 가진 재산을 헌납하여 함선들을 제공함으로써 조국에 봉사할 수 있었다. 그런데 바로 이 함선들로 구성된 함대를 당시에는 클라시카라고 불렀다. 오늘날 고전, 클래식의 어원적 기원이 바로 여기에 있다. 고대 로마인들은 클라시카 함선을 동원하여 쳐들어온 외적에 대항하였는데, 오늘날 우리는 우리를 엄습하고 있는 이 위기를 헤쳐 나가고자 스미스의 『도덕감정론』과 같은 클래식이 필요하다.

18세기 한 스코틀랜드인에 의해 쓰여진 이 책이 우리가 당면하고 있는 물질적 번영과 도덕적 위기라는 모순을 이해하고 어떤 해결책을 제공해 줄지 이제 살펴보기로 하자.

2023년 5월 22일
혼탁한 세상에 현자가 숨어 지내는
복현골(伏賢谷)의 연구실에서

추기(追記) ─────────────

1. 『도덕감정론』에서 스미스는 세간의 주장이나 여론에 휘둘리지 않는 공평무사한 집단으로 수학자와 철학자들을 꼽고 있다. 그들은 인류 가운데 가식과 허영과 거리가 가장 먼 사람들이다. 이들은 수많은 무지한 열광자들의 갈채보다 지혜로운 단 한 사람의 인정을 더 값어치 있는 것으로 평가한다. 이 부족한 책에 대해 추천의 글을 보내주신 세 분 선생님들의 인정이야말로 이 세상 모든 사람들의 요란한 칭찬과 비교할 수 없을 정도로 필자에게는 큰 기쁨이었다. 동국대학교 박순성 교수님, 경상국립대학교 박종현 교수님, 경북대학교 최정규 교수님께 깊은 감사의 뜻을 전한다.

2. 이 책의 초고를 읽고 귀중한 논평을 전해준 대구대학교 양종근 교수께

애덤 스미스 『도덕감정론』 읽기

감사의 마음을 전한다. 또한 경북대학교 이강은 교수님과 윤영순 교수께도 역시 감사의 뜻을 전한다. 인문학과 경제학의 궁극적 접점이 어디인지, 이 두 분야의 생산적 이종교배는 어디까지 가능한지에 관해 이 분들과 오랫동안 토론하여 왔다. 이러한 토론과 문제의식이 없었더라면 이 책은 태어날 수 없었다. 이 분들과 나누었던 학문적 우정이 언젠가 더 큰 결실로 이어지길 바란다.

3. 글 전체 교정을 흔쾌히 맡아주고 책임감 있게 수행해 준 경북대학교 국문학과 김채림 양에게도 감사의 뜻을 전한다. 김채림 양 덕택에 글이 한결 더 우리말에 가깝게 되었다.

4. 지난 4월 30일 아버지께서 갑작스레 세상을 떠나셨다. 너무나 황망하여 다른 겨를이 없었지만 시간이 지날수록 아버지에 대한 그리움이 깊어만 간다. 살아생전 아버지께서 하신 말씀이나 모습들이 이제서야 어떤 의미인지 알 듯하다. 그분께서 보여주셨던 헌신과 희생, 절제와 배려를 어리석게도 지금에서야 깨닫게 되었다. 그러나 이 세상에 시간이 지나서야 얻게 되는 지혜처럼 쓸모없는 것도 없다.

스미스는 우리가 재산의 길을 걸으면서도 지혜의 길 또한 걷기를 희망하였다. 돌이켜 보건대 아버지야말로 스미스가 언급한 그 두 길을 모두 걸었던 분이셨다. 그분께서는 한평생 신중과 절제, 근면과 검약을 통해 (비록 성공적이지는 못하셨으나) 재산 모으기에 힘쓰셨다. 그럼에도 그분께서는 재산을 모으는 일보다 더 중요한 일이 있고 돈은 그 수단이라는 점을 언제나 알고 계셨다. 삶의 마지막 순간까지 존엄을 위해 분투하셨던 아버지께 이 책을 바친다. 아버지께서 영원한 평화와 안식을 얻기를 기도드린다.

목차

일러두기

1. 본문 인용을 위해 사용된 『도덕감정론』과 『국부론』의 국역 번역본은 다음 두 권임을 밝혀 둔다.
   A. 스미스 저, 박세일 민경국 공역, 『도덕감정론』, 비봉출판사, 2014.
   A. 스미스 저, 김수행 역, 『국부론 (상, 하)』, 비봉출판사, 2007.

2. 스미스의 『도덕감정론』의 핵심 개념인 sympathy는 동감(同感) 혹은 공감(共感)으로 번역될 수 있다. 굳이 구분해 보자면 전자는 감정의 일치(agreement) 및 그 결과를 강조하는 반면, 후자는 감정의 이입(empathy) 과정에 초점을 맞춘다. 국내 스미스 전공자들은 주로 전자를 선호한다. 그러나 이 책에서는 문맥에 따라 두 번역어를 번갈아 가며 사용하였다.

3. 본문의 강조 표시는 모두 필자의 의도에 따른 것이다. 『도덕감정론』이나 기타 인용 저작 내 강조 표시 역시 마찬가지이다.

제1장

스미스의 진면목?

　　　　　 1차 대전 패전 후 독일 육군을 재건하였던 한스 폰 젝트 장군은 사람들이 입만 열면 클라우제비츠(Carl von Clausewitz)라는 이름만 떠들어대 이제 그 이름을 들으면 신물이 올라올 지경이라고 불평하였다.

> 　　'전쟁은 정치의 연장'이라고 말하는 사람 중 상당수는 오직 이 문구만 알고 있으며 『전쟁론』을 실제로 읽은 사람은 드물다… 리들 하트는 이렇게 기록했다. "대부분의 선지자와 사상가들은 그들의 뜻이 왜곡되는 운명을 가지고 있다… 그 중에서도 클라우제비츠는 누구보다도 더 많이 왜곡되었다." (B. 호이저, 2016, 68)

　　실제로 『전쟁론』의 저자 클라우제비츠의 운명과 스미스(Adam Smith)의 운명은 크게 다르지 않다. 사람들은 누구나 스미스를 이야기하지만 (따라서 어떤 이들에게 스미스라는 이름을 듣는 것은 고역이지만) 그 누구도 스미스를 제대로 이해하지 못하고 있다. 독일 관념론 철학자 헤겔(Georg Wilhelm Friedrich Hegel)은 "너무나 잘 알려져 있기에 결코 제대로 알려지지 않는 것(G. W. F. 헤겔, 2022, 서문)"에 대해 언급한 바 있는데 이러한 우려는 스미스에게도 해당한다. 스미스를 칭송하지만 아무도 스미스를 읽지 않는 상황은 이상하기 짝이 없다. 그나마 스미스의 정치경제학 저작인 『국부론』은 대중들에게 잘 알려져 있고 간혹 관심의 대상이 될 때도 있지만, 윤리학 저작 『도덕감정론』은 그렇지도 못하다. 이 책은 이러한 간극을 메울 목적으로 저술되었다.

우리가 어떤 대상이나 인물을 이해하고자 할 때 기존 인상이나 선입견에 사로잡혀 자의적인 해석을 가하는 경우가 가끔 존재한다. 이러한 왜곡은 자기 강화적인데, 왜냐하면 오해와 편견이 왜곡을 누적시키는 자기 원동력이 되기 때문이다. 이러한 과정이 일정하게 진행되면 선입견은 체계화되고 왜곡은 구체화된다. 애덤 스미스의 경우를 그 대표적인 사례라고 보아도 무방하다. 오늘날 스미스는 자신의 주장이나 견해와 무관한 상이한 교리나 독트린을 대변하는 데 자주 동원된다. 예를 들어 스미스는 인간 본성 가운데 오로지 이기심만을 인정하였고, 이 이기심도 개인의 안위나 신체적 건강 추구의 정도를 넘어 무제한의 탐욕까지 포함한다는 주장이 만연해 있다. 또한 성장과 자본축적만이 모든 사회 문제의 거의 유일한 해결책이고, 이를 방해하거나 저해하는 모든 세력이나 규제를 타파하거나 철폐해야 한다는 주장 또한 서슴지 않고 유포되고 있다. 그러나 스미스는 사회의 정상적 상태가 홉스적인 '만인에 대한 만인의 투쟁'이라고 이야기한 바 없으며, 번영을

애덤 스미스 『도덕감정론』 읽기

위해 노동자를 억압하거나 건강과 보건, 안전에 관한 규제를 모두 풀어버리라고 주장한 바 역시 없다. 만일 스미스가 오늘날 환생하여 자신의 이름으로 대변되는 주장이나 정책들을 보게 된다면 분명 기겁을 할 것이다. (실제로 스미스의 환생을 소재로 스미스의 원래 견해를 보이고자 나온 소설도 있다. J. B. 와이트〔2020〕의 소설이다. 이 책은 단순한 여흥거리 이상으로 읽을 가치가 있다.)

스미스의 진면목을 이해하기 위해서는 그의 저작을 직접 읽어야 한다. 특히 그가 출간한 대표적인 저작인 『국부론』과 『도덕감정론』은 필수적이다. 이 세상에 그 어떤 훌륭한 요리책도 요리 그 자체를 대신할 수 없기 때문이다. 그러나 독자들이 스미스를 이해하기 위해서는 은 가치 변동이 과거 영국경제에 어떤 영향을 미쳤는지 혹은 백색청어 어업에 대한 장려금이 과연 타당한 것인지에 관해 지루한 논의를 따라 갈 용의가 있어야 한다. 또한 순경과 역경이 인간행위의 적정성에 미치는 영향이나, 시혜자의 행위가 시인받지 못할 때 수혜자의 감사에 대한 동감이 있을 수 없는 이유에 대해서도 하나하나 따져보아야 한다. 물론 이러한 노고는 충분히 보상을 받을 수 있는 일이지만 그럼에도 불구하고 이들 저서들이 저술될 당시의 상황이나 애덤 스미스의 기본적 사상에 무지한 사람이 떠안기는 벅찬 것도 분명하다. 이 책은 이러한 노고를 다소나마 절약하고 스미스 사상의 입구로 독자들을 안내할 목적으로 저술되었다.

특히 이 책은 스미스의 저작 가운데 『도덕감정론』에 집중하고

자 한다. 물론 필요에 따라 『국부론』과 같은 다른 저작들에 대한 언급 역시 있을 터이지만 특별히 이 저서에 주목하는 이유는 스미스가 바로 이 곳에서 그의 다른 저작들의 철학적 기반을 닦았으며 따라서 이를 거치지 않고서는 그의 전체 사상 체계를 이해할 수 없기 때문이다. (이후 언급하겠지만 그는 자신의 저서들을 하나의 정연한 체계 안으로 배치하고자 하였다. 비록 이러한 그의 목표는 실현되지 못하였지만.) 인간의 본성 및 미덕 그리고 사회의 질서와 규칙에 관한 이 책의 주제들이야 말로 그의 체계를 열 수 있는 열쇠이다. 열쇠를 가진 자만이 그의 사상의 향연에 초대받을 수 있는데, 필자의 이 책이 독자들로 하여금 스미스의 초대에 호응하는 데 일조하기를 희망한다.

이 위대한 스코틀랜드인의 사상의 체계성은 강조되어야 마땅하다. 스미스 학문 체계의 통합적 성격은 바로 이 체계성에 기인하기 때문이다. 스미스의 체계 안에서 철학과 경제학 혹은 인문학과 사회과학은 따로 존재하지 않는다. 오늘날 이질적인 성격과 독립적인 외양을 갖는 이들 학문 분야들이 스미스의 체계성 안에서는 그 벽이 허물어지고 하나로 혼연일체가 됨을 우리는 목격한다.

한 가지 예를 들어보기로 하자. 오늘날 대학의 표준적 학문체계 구성에서 경제학은 분명 인문학과 거리가 먼 학문이다. 아마도 사람들은 경제학의 시조인 스미스가 인문적 정신과는 가장 거리가 먼 인물일 것으로 지레 짐작할 것이다. 세세한 계산이나 철저한 이기적 동기만을 연구 대상으로 삼는 경제학은 인간의 자유나 포괄적 행위 동기에 대해 관심이 없다는 것은 널리 퍼진 선입견이다. 이 선입견이 현대 경제학에는 타당할지 몰라도 애덤 스미스에게는 전혀 그렇지 않다. 스미스 체계의 경우 윤리학과 정치경제학, 인간의 미덕과 이기심은 전혀 별개의 것들이 아니었다. 하나는 다른 하나와 공통의 기원을 갖거나, 혹은 다른 하나의 전제 조건으로 주어진다. 스미스는 윤리의 문제를 다룰 때도 정치경제학을 염두에 두었으며, 정치경제학을 연구할 때도 윤리적 동기와의 관련성을 놓치지 않았다. 따라서 그의 사상을 어느 특정한 분야로 한정하거나, 각 분야를 엄격히 나누는 것은 전혀 사리에 맞지 않다. 이 점에 관한 한 그 역시 철학자이자 동시에 정치경제학자였던 밀(John Stuart Mill)의 평가에 귀 기울일 필요가 있다.

정치 경제학을 추상적 사변의 한 분야로 간주할 때 거기에 포함될 수 있는 범위보다 훨씬 더 넓은 생각과 주제들이 이것 자체만으로도 함축된다. 실천적 목적을 염두에 두면 정치경제학은 여타 많은 사회철학의 분야들과 불가분으로 얽혀있다. 단순한 세부사항들을 제외하면 심지어 성격상 순전히 경제학적인 문제에 가장 근접하는 문제들 가운데에서도 경제적 전제에만 근거해서 결정될 수 있는 문제는 아마 없을 것이다. 이러한 진실을 애덤 스미스는 결코 놓치지 않았기 때문에, 순수 경제학이 제공하는 범위보다 대개 훨씬 커다란 고려사항에 정치경제학을 응용하여 지속적으로 논의를 붙였기 때문에, 실천의 목적을 위해서 이 주제의 원리들을 통솔할 수 있다는 근거 있는 느낌을 우러나게 한다. 정치경제학에 관한 여러 논고들 가운데 『국부론』만이 일반독자들에게 인기를 누렸을 뿐만이 아니라 세계 인류의 마음과 입법자들의 마음에 강한 인상을 남길 수 있었던 까닭이 바로 거기에 기인한다. (J. S. 밀, 2010, 12)

주지하다시피 『국부론』은 원래 제목이 『여러 국가의 부의 속성과 원인들에 관한 연구』(An Inquiry into the Nature and Causes of the Wealth of Nations)이다. 만일 이와 유사한 형태로 『도덕감정론』의 제목을 다시 정한다면 그것은 『인간 정신과 정념의 속성과 원인들에 관한 연구』(An Inquiry into the Nature and Causes of the Minds and Passions of Men)가 되어야 마땅하다. 그런데 놀랍게도 자본과 국부의 속성 및 원리들은 정신과 감정의 속성 및 원리들과 따로 떨어져 존재하는 것들이 아니다. 스미스가 제시한 그의 사상의 체계성을 따라가 보면 특히 인간성에 대한 깊은 이해야말로 그가 경제문제를 올바로 이해하고 해결하는 데 초석이 되었음을 알 수 있다. 그의 체계에서 인간의 감정은 거대한 경제 시스템을 작동시키고 정상적으로 운영하게 만드는 가장 기본적인 회로였다. 요컨대 그는 가장 인문학적인 경제학자였으며, 동시에 가장 경제학적인 인문학자였다. 따라서 인문학은 경제학이고, 경제학은 인문학이 된다.

이제 이 탁월한 스코틀랜드인의 안내를 받아 구체적으로 그가 마련해 둔 지식과 사상, 지혜와 미덕의 향연장으로 들어가보기로 하자.

제2장

18세기의 문제

현재 당면한 상황을 문명사적 전환이라고 부른다 해도 전혀 어색하지 않을 정도로 우리는 심대한 변화의 소용돌이 한가운데 서 있다. 기후변화, AI 기술, 인구구조 변동, 불평등과 차별 등 어느 하나 사소한 것이 없을 정도로 변화는 심대하다. 우리가 현재 느끼고 있는 이 막막함과 두려움을 —비록 다른 문제들을 향한 것이었지마는— 아마도 근대의 유럽인들 또한 느꼈을 것이다. 이들이 살았던 시기 역시 진정한 문명사적 전환기 가운데 하나였기 때문이다.

18세기 유럽은 본격적으로 전근대로부터 근대로, 자연경제에서 시장경제로, 신분사회에서 계약사회로 나아가는 중이었다. 이제까지 의지하고 버팀목이 되었던 모든 것들이 와해되고 소멸되며 붕괴되었다. 그중 하나가 다름 아닌 사회의 규범이었다. 어제까지 당연시되었던 사회의 질서가 오늘은 더 이상 유효하지 않게 된 것보다 사람들을 당혹스럽게 만드는 것은 없었다. 탐욕은 공동체를 해치고, 고리대금업은 불법이며, 부역과 공납은 반드시 이행되어야 할 의무였던 사회에서 이기심이 판을 치고, 이윤을 향한 새로운 사업은 부러움의 대상이 되고, 모든 사회적 관계가 시장을 통해서 이루어지는 사회로 뒤바뀌면서 사람들이 경험했던 인지적 혼란은 가히 상상을 초월한 것이었다. 한번 상상해보라. 어제까지만 해도 비난과 멸시의 대상이었던 것이 오늘은 감탄과 찬미의 대상으로 뒤바뀌는 세상을.

지나간 역사를 살펴보면 특정 시기 한정된 장소에서 기라성 같은 인물들이 한꺼번에 역사의 무대로 뛰쳐나와 그들의 탁월함을 드러내는 경우가 가끔 발생한다. 예를 들어 19세기 후반 러시아(톨스토이, 도스토옙스키, 체호프)가 그러하였고, 20세기 초반 영국(러셀, 케인스, 비트겐슈타인, 버지니아 울프)이 그러하였다. 또 하나의 역사적 사례가 18세기 스코틀랜드인데 여기서는 그 주인공으로 허치슨, 스미스, 흄이 등장한다. 영민하고 비범했던 18세기 스코틀랜드 지식인들에게 앞서 언급한 역사적 변화는 깊은 인상을 남기게 되었고 이들은 이러한 변화의 배후에 존재할지도 모르는 근본적 힘에 대해 관심을 가지게 되었다.

역사가 발전함에 따라 사회는 새로운 형태로 진입하게 되는데 그 가장 발달한 형태가 **상업사회**(commercial society)였다. 상업사회가 등장하면서 부와 인구가 증대하는 사회적 진보가 가능해졌지만 여기에는 커다란 비용이 수반되었다. 상업은 인간의 개성과 재능, 창의성을 불러일으키지만 동시에 전통적인 시민적 미덕을 손상시켰다. 돈벌이에 몰두할수록 정직함, 자혜, 우애, 친절, 관용, 자기희생은 점차 멀어지는 것으로 보였다. 상업사회에서 개인의 자유는 신장되었지만, 동시에 시민들의 자발적인 정치 참여는 감소하였다. 개인들의 분업 참가로 노동생산성은 비약적으로 증대하였지만, 사회 내 개인의 고립은 심화되고 유대는 약화되었다. 사회의 존속을 지탱하고 유지를 보장했던 관습과 유대가 사라지고 개인들은 모래알처럼 다 흩어진 상태에서 과연 사회가 제대로 존립할 수 있을지 이 시기 많은 사람들이 의구심을 표시하였다. 상업적 열정이 시민적 가치를 앞지른다면 사회는 과연 유지될 수 있을까? 이 질문이야말로 스코틀랜드 지식인들뿐 아니라 당대 유럽의 사상가들이 자문하고 답을 찾고자 하였던 근본 문제였는데, 우리는 이를 **18세기의 문제**라고 이름 붙일 것이다.

18세기의 문제는 새로운 사회 질서 등장의 문제이지만 그것은 다른 측면 또한 가지고 있었다. 인간 삶의 가장 중요한 목표를 꼽으라면 다른 무엇보다도 아마 행복을 떠올릴 수 있다. 새롭게 등장한 상업사회는 과연 이 삶의 근원적 목표에 어느 정도 부합할 것인가 역시 중요한 관심사가 되었다. 분업과 축적 덕택에 사회가 나날이 성장하고 있었지만 이러한 물질적 번영을 위해 치러야 할 비용 또한 무시할 수 없었다. 예를 들어 분업이 그러하다. 분업(division of labor)은 노동의 편리와 능률을 높이기 위해 노동을 분할하는 것이지만(dividing labor) 이 과정에서 노동자 스스로도 분열되었다. 분업에 참가한 노동자의 경우 노동의 흥미롭고 지적인 요소들은 박탈되었고 영구히 반복되는 붙박이 작업으로 지능은 떨어지고 정신은 반백치 상태로 전락하기에 이르렀다. 더군다나 분업으로 생산성이 증대하고 자본축적으로 경제가 성장함에도 불구하고 사회적 불평등은 오히려 더 심각해지고 계층 간의 물질적 복지의 격차는 더 크게 벌어지는 것으로 보였다. 성장의 과실이 사회 일부 계층에게만 집중되는 것에 대해 사람들은 분개하기 시작하였다. 상업사회의 엄청난 경제적 성공에도 불구하고 이러한 난점과 고통은 더욱더 두드러져 갔다. 사람들은 점차 상업사회가 사람들에게 행복을 가져다 줄 수 있는지에 대해 깊은 의구심을 드러내기 시작하였다. 결국에는 하찮은 것으로 판명될 재화를 얻기 위해 노고와 고통을 마다하지 않고, 자신의 정신적 능력이 계속 쇠락하며, 사회적 불평등이 심화되는 것이 과연 행복한 삶일 수 있을까? 이 질문은 상업사회가 역사에서 시민권을 획득하고 정당성을 얻기 위해 반드시 답변해야 할 질문이었고, 스코틀랜드 계몽주의자들의 중요한 과제였으며, 18세기의 문제의 핵심이었다. 요컨대 18세기의 문제는 결국 **근대사회 질서의 원천과 행복 가능성에 관한 문제**라고 말할 수 있다. 우리는 이 책에서 스미스가 어떻게 이 문제들을 풀어나가는지 그의 저서인 『도덕감정론』을 통해 살펴볼 것이다. (그리고 그의 또 다른 중요한 저작인 『국부론』 역시 필요한 범위 내에서 검토할 것이다)

18세기 계몽주의 사상가들은 역사적 진화의 배후에 존재하는 힘을 밝혀내기 위해 **인간 본성**(human nature)이라는 키워드에 주목하였다. 스미스 역시 앞서 18세기 문제들의 해답이 인간 본성에 대한 연구로부터 나올 수 있다고 굳게 믿었다. 인간 본성이란 다름 아닌 '자연으로서의 인간'을 의미한다. 원래 자연철학(natural philosophy)에서는 인간과 분리된 자연 그 자체를 연구한다. 그러나 스코틀랜드인들은 인간 자신을 연구의 대상으로 삼는, 즉 인간의 자연적 심성을 연구하는 분야를 새롭게 창안해냈는데 이를 자연철학에 대비하여 **도덕철학**(moral philosophy)이라고 불렀다. 자연철학이 대문자 Nature로 표기되는 대자연을 연구한다면, 도덕철학은 소문자 nature로 표기되는 인간 본성을 연구한다.

인간 본성의 바탕을 이루는 것으로 이성과 감성을 꼽을 수 있다. 유럽 대륙의 철학자들이 이성을 역사와 사회를 밝힐 등불이라고 보았던 반면, 스코틀랜드 지식인들은 오히려 그 반대로 현실에서는 감성이나 정념(passion)이 더 중요한 역할을 수행한다고 믿었다. 스코틀랜드 학파의 일원이었던 흄(David Hume)에 따르면 '인간은 이성이 아니라 정념의 노예'이다. 스미스를 포함하여 스코틀랜드 계몽주의 사상가들은 인간의 감정이야말로 새로운 상업사회를 이해할 중요한 출발점이라고 생각하였다.[1]

---

1   "각 개인들이 가지고 있는 도덕적 기준들 사이에 보편성은 어떻게 성립 가능한가"라는 질문은 사회의 구성과 성립을 위해 반드시 답변되어야 할 문제이다. 이 문제에 대한 대륙 계몽주의, 특히 칸트의 답변은 이성이 요구하는 보편 타당성이라는 원칙이었다. 반면 동일한 문제에 대한 스코틀랜드 계몽주의, 특히 스미스의 답변은 인간 정념의 일반성 혹은 공감의 보편성이라고 할 수 있다. 칸트의 슬로건이 "사페레 아우데"(Sapere aude, "감히 알려고 하라" 혹은 "네 자신의 이성을 사용할 용기를 가져라")라면, 스미스의 슬로건은 "네 내면의 목소리에 귀 기울여라"(Listen to your man within the breast)일 것이다. 이후 살펴보겠지만 내면의 목소리란 다름 아닌 공감이 사회화된 형태인 공정한 관찰자의 판단이다. 이는 사회적 인정의 산물이므로 보편성을 갖는다. 스코틀랜드 계몽주의에 관한 최정규 교수

스미스는 어떻게 이 감정과 정념에 기반하여 사회의 번영과 질서, 부의 축적과 시민적 덕성, 물질적 풍요와 참된 행복 간의 갈등 문제를 해결하였을까? 18세기 문제의 해결 여정을 본격적으로 시작하기 전에 우선 그가 살고 있었던 시대와 그의 삶을 살펴보기로 하자.

의 열의가 이 각주 작성에 직접적인 동기였음을 밝혀둔다.

제3장

애덤 스미스: 생애와 저서*

* 이 절에서 소개되는 스미스에 관한 전기적 사실은 기본적으로 Palgrave Dictionary of Economics에 등재된 A. Skinner의 Smith, Adam (1723-1790), Biographical 항목을 따랐다. (A. S. Skinner(2018)) 이 장에서 사용된 인용문들 역시 따로 인용 출처를 밝힌 경우가 아니라면 이로부터 가져왔다.

애덤 스미스는 마치 불과 물이 동시에 공존하는 것처럼 보이는 인물이다. 그는 내면적으로는 혁신의 정열에 휩싸여 있었지만, 겉으로는 언제나 평온한 삶을 살았던 인물이었다.

그는 1723년 5월 스코틀랜드 동부 해안의 작은 항구도시 커콜디(Kirkcaldy)에서 세관원의 차남으로 태어났다. 아버지는 같은 이름을 가졌던 애덤 스미스(Adam Smith)였고 어머니는 마가렛 더글러스 오브 스트라센드리(Margaret Douglas of Strathendry)였다. 세관원이던 아버지는 스미스가 태어나기 전 사망하였으며 어머니는 홀로 스미스를 양육하였다.[1]

1737년 그의 나이 14세 때 스미스는 글래스고 대학에 입학한다. 당시에 이 나이로 대학에 입학하는 것은 이례적인 것이 아니었고 대학의 규모는 우리가 생각하는 것보다 훨씬 작았다. (당시 글래스고 대학의 전체 교수는 12명에 불과하였다) 이 시기 스미스는 스

---

[1] 아버지 애덤 스미스와 사별한 전처 사이에 이미 한명의 자녀가 있었고, 아들 애덤 스미스는 아버지 애덤 스미스와 마가렛 더글러스 사이에서 태어났다.(N. Phillipson, 2010, 10)

승 허치슨(Francis Hutcheson)으로부터 많은 영향을 받았는데 나중에 그는 이 스승을 "결코 잊을 수 없는 분"이라고 술회하였다.

1740년 그는 장학금을 받고 옥스퍼드의 베일리얼 칼리지(Balliol College)에 입학하지만 큰 실망만을 맛본다. 그는 "이곳 옥스퍼드 교수들은 제대로 가르치기는 고사하고 아예 가르치는 흉내조차 내지 않는다"라고 불평하였다. 그러나 모든 위대한 정신이 그러하듯이 지성의 싹은 스스로 싹트는 법이다. 그는 교수를 대신하여 도서관의 책들을 스승으로 삼고 열심히 독학에 매진하였다. 당시 옥스퍼드는 훌륭한 교수는 없었지만 대신 훌륭한 장서가 풍부했고 스미스는 영국과 프랑스에서 출간된 방대한 문헌들을 성실히 독서하기 시작하였다.

1746년 그는 학교를 떠나 다시 고향 커콜디로 귀향하였지만 아무런 계획과 대책이 없었다. 그러다가 1748년 그에게 좋은 기회가 찾아온다. 그의 후원자와 지인들의 도움으로 에딘버러의 공개강의 연사로 초빙된 것이다. 이 시기 그가 다루었던 주제는 경제학과는 거리가 먼 수사학과 문예 과목이었다. 그는 훌륭한 정치경제학자가 되기 이전에 이미 훌륭한 인문학자였다. 이 강연 덕택에 그는 연 100파운드의 수입을 얻을 수 있었고 이는 궁핍했던 시기 생계에 도움이 되었다.

1751년 다시 행운의 여신이 그에게 미소를 지어왔다. 글래스고 대학의 논리학 교수로 임명되었던 것이다. 대학에서 그의 강의는 주로 언어의 발전이나, 문체 문제, 담론 형식에 집중해 있었다.

이듬해 그는 같은 대학의 도덕철학 교수로 자리를 옮긴다. 그의 도덕철학 강의는 크게 (1) 자연신학 (2) 윤리학 (3) 법학 (4) 경제학으로 구성되었다. 그중 윤리학 강의는 『도덕감정론』 출간으로, 경제학 강의는 『국부론』 출간으로 이어지는 계기가 되었다.

글래스고 대학 교수로 재직하고 있었던 당시 스미스의 인품을 잘 보여주는 이야기가 전해진다. 18세기 유럽 대학의 강의는 교수가 자신이 작성한 원고를 학생 대중 앞에서 읽어나가는 형식이었다. 개인적인 일로 직접 원고 강독을 할 수 없었던 스미스는 새 낭독자를 구해 자신을 대신하였다. 그리고 그 학기 자신의 과목을 수강한 학생들에게 수업료를 되돌려주었다. (당시 교수의 강의료 일부는 학생들이 직접 교수에게 지불하는 수업료로 충당되었다) 그러나 스미스의 인품을 존경하고 비록 대독(代讀)이었지만 많은 배움을 얻었다고 생각한 학생 한 명은 수업료를 되돌려 받기를 거절하였다. 그런데 스미스는 끝끝내 그 학생의 주머니 속에 수업료를 넣어 주었다.[2] 아마도 스미스는 자기 마음 속의 공정한 관찰자가 지시하는 바대로 행동하였을 것이다. (이후 논의에서 살펴보겠지만 공정한 관찰자라는 개념은 스미스 도덕철학의 핵심적 요소이다) 사소한 에피소드이지만 이를 통해 스미스가 학생들로부터 받은 존경과 그의 사람 됨됨이를 미루어 짐작해 볼 수 있다.

1759년 드디어 그의 최초의 본격적 저작인 『도덕감정론』이

---

2   이 에피소드는 D. D. 라파엘 (2002)로부터 가져왔다.

출간되었다. 이 시기 그의 절친한 벗이었던 흄은 그에게 편지를 보내 "저술로 인한 명예와 대중적 인기가 얼마나 허망한지"를 늘 상기하라고 충고하였다. 편지 속 흄의 어투는 다소 냉소적이다.

그러나 이 모든 것에 비춰 당신이 충분히 최악의 상황에 대비했다고 가정하고 나는 당신의 책이 굉장히 운이 안 좋았다는 우울한 소식을 말하는 쪽으로 옮겨가야겠습니다. 왜냐하면 대중이 이 책에 우뢰와 같은 박수를 칠 태세인 것 같거든요. 어리석은 사람들은 애타게 그 책을 찾고 있단 말입니다. 그리고 지식인 패거리도 벌써 아주 요란하게 칭찬하기 시작했지요… 이런 미신의 수호자들이(성공회 대주교들: 인용자) 그 책을 그렇게 높이 칭송한다면 진정한 철학자들은 그걸 어찌 생각할지 당신은 결론 내릴 수 있겠지요… 벌써 초판의 2/3가 팔렸고 이제는 성공을 확신한다고 (서적상 앤드류 밀러가: 인용자) 너무나 기뻐서 떠벌리고 있습니다. 자신에게 들어오는 수익으로만 책의 가치를 매기다니 이 작자가 얼마나 형편없는 놈인지 알 겁니다. 그렇게만 보면 그것이 매우 좋은 책일 거라는 생각이 드네요." (D. C. 라스무센, 150)

흄의 충고는 상업적 성공과 학문적 성취는 다른 문제이며 이를 구분하라는 것이었다. 그러나 이러한 충고와는 상관없이 책의 출간은 스미스에게 확고한 대중적 명성을 안겨다 주었다. 이 책은 이후 6회에 걸쳐 개정이 이루어졌는데 빈번한 개정 그 자체가 이 책의 인기를 잘 보여준다. 돌이켜 보건대 이 저서는 상업적 성공과 학문적 성취 두 분야 모두에서 스미스에게 큰 성공을 안겨다 주었다.

1769년은 스미스 삶에서 하나의 전환기였다. 흄은 『도덕감정론』을 지인이었던 찰스 타운센드에게 보냈고 타운센드는 이 책에 깊은 감명을 받았다. 당시 타운센드는 귀족 미망인과 재혼한 후였는데 자신의 귀족 의붓아들의 교육자로 스미스를 지명하였다. 이시기 영국의 귀족 자제들은 스승을 동반하고 유럽대륙을 여행하는 것이 하나의 교육 과정이었고 그 스승 자리에 스미스가 낙점된 것이다. 스미스는 대학 교수직을 그만두고 귀족 자제와 2년에 걸친 프랑스 대륙 여행길에 오른다. 이때 그 보답으로 스미스는 남은 생애 동안 매년 300파운드 스털링의 연금을 지급받기로 약속받았다.

초기 여행은 무료하고 별다른 감흥이 없었지만 시간이 지날수록 여행은 스미스에게 유쾌하고 유익한 것으로 변모하였다. 특히 1765년 제네바를 방문한 스미스는 거기서 계몽주의의 전설적인 인물인 볼테르(Voltaire; François-Marie Arouet)와 조우하게 된다. "아마도 프랑스가 배출한 가장 보편적인 정신"일 것이라는 볼테르와의 만남은 스미스에게 커다란 자극을 주었다. 1766년 자신의 명성과 흄의 주선으로 스미스는 파리의 지식인 살롱 모임에 초대받게 되고 거기서 달랑베르(Jean Le Rond D'Alembert), 돌바크(Paul Henri

Dietrich d'Holbach), 엘베시우스(Claude Adrien Helvétius)와 같은 당대 프랑스의 기라성 같은 인물들과 교류하기 시작한다.

이 기간에 스미스는 프랑스 중농주의 이론가 가운데 가장 중요한 인물이었던 케네(Francois Quesnay)도 만나게 된다. 궁정의사 케네는 동시대인 하비(William Harvey)의 의학적 발견, 즉 혈액이 끊임없이 우리 몸을 돌고 있다는 사실을 잘 알고 있었다. 그는 인간의 신체에 피가 도는 것처럼 경제라는 유기체에도 화폐와 재화가 순환한다고 생각하여 한 경제 전체의 소득과 산출의 흐름을 하나의 표로서 일목요연하게 정리하였다. 이 『경제표』의 아이디어는 너무나 독창적이고 획기적인 것이어서 이후 경제학의 발전에 커다란 공헌을 하였다.[3] 이 위대한 대가로부터 스미스는 많은 영감을 얻었던 것처럼 보인다. 『국부론』 전반에 걸쳐 중상주의에 대해서 가혹하리만큼 비판적인 스미스였지만 케네를 포함한 중농주의 학파에 대해서는 매우 긍정적이고 관대한 입장을 보였고, 자신의 정치경제학 저서 『국부론』을 케네에게 헌정까지 하려고 했던 것을 보면 말이다.

1766년 동행했던 제자의 동생이 죽게 되어 유럽 대륙 여행은 갑작스럽게 끝나게 된다. 영국으로 돌아온 뒤 그는 다시 커콜디로 귀향하여 6년 기간 동안 『국부론』 저술에 전력을 기울였다. 케네

---

3 따라서 만일 "스미스가 아니었다면 아마 케네가 경제학의 아버지가 되었지 않았을까"라고 진지하게 추측해 볼 수도 있다.

애덤 스미스 『도덕감정론』 읽기

를 만나기 전에도 정치경제학에 대해 깊은 조예와 관심을 가졌던 스미스는 케네와의 만남을 계기로 이 분야의 연구에 대한 열정을 표출하기 시작했다. 강도 높은 저술 활동으로 인해 이 시기 그의 정신적 긴장도는 매우 높아졌다.

1773년 곧 저서의 출간이 임박한 것으로 알려졌지만 다시 스미스는 3년간 출간을 연기하고 연구에 들어갔다. 미국독립전쟁과 식민지 및 모국 사이의 관계가 중요한 연구 대상으로 다시 떠올랐기 때문이다.

1776년 3월 9일 마침내 그리고 드디어 『국부론』이 출간되었다. 흄은 이 새 저서에 '전율이 일 지경'이라고 전해왔다. 또한 흄은 이 저서를 읽어 나가는 데 많은 노력과 주의가 필요하다고 생각해 이번에는 앞서 『도덕감정론』과는 달리 오히려 대중적 인기가 없을 것을 걱정하였다. 그러나 예상과는 정반대로 이 저서에 대한 인기 역시 가히 폭발적이었다. 특히 『로마제국 쇠망사』 저자 기번(Edward Gibbon)에 따르면 『국부론』의 경우

> 방대한 내용의 과학이 한 권의 책 안에 담겨 있으며, 가장 심오한 사상이 가장 명료한 언어로 표현되어 있다. (에드워드 기번이 애덤 퍼거슨에게 보내는 서한, Dickson, 1864, 622)

1776년 스미스는 이전 자신의 제자였던 귀족의 도움으로 관세청장에 임명된다. 이제 그는 300파운드 연금에 더해 공무원으

로서 600파운드의 수입을 추가로 얻게 되었다. 경제적으로 안정을 찾은 그는 자신의 어머니와 사촌 자넷 더글러스(Janet Douglas)와 함께 에딘버러에 정착하게 된다.

은퇴한 이후에도 생계 문제를 걱정할 필요가 없었으므로 그는 남은 여생을 자신의 앞선 두 권의 저서가 그 일부가 되는 방대한 이론 체계 수립에 쏟아붓고자 하였다. 그는 자신의 이 프로젝트를 '법과 정부의 일반적 원리'라고 명명하였다. 그러나 그의 이러한 이상과 계획은 결코 실현되지 못하였고 1790년 7월 17일 영면하게 된다. 그의 묘비명은 다음과 같다.

> 『도덕감정론』과 『국부론』 저자 애덤 스미스의 유해,
> 여기에 잠들다. (http://web.uvic.ca/~rutherfo/mrgrvs.html Famous
> Economists' Grave Sites: A-M)

아담 스미스의 묘지에 있는 흉상에는 이런 글귀가 새겨져 있다.

> 사람의 노동력은 다른 모든 재산을 만드는 본원적 기초
> 이기 때문에 가장 신성하고 침범할 수 없는 것이다.

스미스가 인류 지성사에 공헌한 기여는 적지 않다. 그의 두 저서는 정치경제학과 도덕철학 분야에 아직도 커다란 영향력을 발휘하고 있다. 물론 이러한 언급이 스미스의 저작의 완전무결함을

전제하는 것은 아니다. 오히려 돌이켜 보건대 스미스의 저작, 특히 『국부론』은 많은 크고 작은 오류로 점철되어 있다. 후대 경제학의 입장에서 보자면 이 저서는 문제투성이라고 볼 수밖에 없다. 예를 들어 그는 복수의 가치 척도를 도입하여 혼동을 자초하였고, 생산적 노동에 관한 이질적 설명들을 거리낌 없이 채택하기도 하였다. 이러한 사례는 아무리 위대한 정신도 복잡한 현실의 실타래를 푸는 데 한계가 있었음을 여실히 보여준다. 그러나 이러한 한계에도 불구하고 우리는 스미스의 체계를 근대 문명사회에 대한 우리 이해의 출발점으로 삼는다. 이 점이 중요하다. 20세기 전반기 양자 물리학의 개척자 가운데 한 명이었던 파울리(Wolfgang Pauli)는 동료의 논문을 평가하면서 "당신의 논문은 제대로 틀리지도 못하였다"라고 혹평하였다. 틀리더라도 제대로 틀리는 것이 언제나 중요하다. 스미스의 정치경제학 이론체계는 혼란과 혼동의 연속이었지만 스미스는 실수를 통하여 우리에게 교훈을 주었다. 천재는 일반 범인들과는 달리 제대로 틀리기 때문이다. 스미스는 그런 천재에 해당하였다.

반면 그의 또 다른 저작인 『도덕감정론』은 보다 직접적인 방식을 통해 우리에게 교훈을 제공한다. 상업과 교환, 분업과 축적의 원리들은 그것이 등장한 이래 끊임없이 변화하고 진화하였지만 공감과 허영심, 자애와 자혜와 같은 인간 정념들은 예나 지금이나 크게 변한 것이 없기 때문이다. 『국부론』이 반면교사로서 우리에게 교훈을 주는 것과는 달리 이 저서는 오늘날에도 여과없이 혹은 수정없이 바로 수용될 수 있는 통찰을 제공하므로 현실적 적합성의 가치는 더욱 크다고 할 수 있다. 그럼에도 오늘날 현실에서는 그에 걸맞은 인정이 여전히 주어지지 않는 것도 사실이며 따라서 현실적 가치와 현실 사이의 간극을 메워야 할 필요가 더욱더 증대하고 있다. (앞서 언급한 바도 있지만 이 책은 이러한 간극을 메우기 위해 저술되었다)

제네바에서 스미스와 만나기도 하였던 볼테르는 영국 망명 시절 뉴턴의 사망 소식을 접한 적이 있었다. 볼테르는 영국 국민들이 뉴턴(Isaac Newton)에게 보여준 각별한 존경과 영예를 접하고 다음과 같이 썼다.

> 얼마 전 어떤 유명한 모임에서 카이사르, 알렉산드로스, 티무르, 크롬웰 등 중에서 누가 가장 위대한 인물인가 하는 진부하고 시시한 문제를 둘러싸고 토론이 벌어진 적이 있다. 어떤 이는 이론의 여지없이 아이작 뉴턴이라고 대답했다. 맞는 말이다. 만일 천부적으로 비범한 재능을 타고나 자신과 타인을 계발하는 것이 진정한 위대함이라고 한다면 천 년에 나올까 말까 한 뉴턴 같은 사람이야말로 진정한 위인일 것이다. 그리고 어느 세기나 빠지지 않는 정치가나 정복자는 대개 뛰어난 악인일 뿐이다. 우리가 진정으로 존경해야 할 사람은 무력을 사용하여 타인을 노예로 만든 사람이 아니라 진리의 힘으로 정신을 지배한 사람이며, 세계를

파괴한 사람이 아니라 세계를 제대로 알게 만든 사람이다.

(볼테르, 2019, 63)

이러한 찬사가 비단 뉴턴에게만 해당되는 것은 아니다. 그것은 뉴턴만큼이나 스미스에게도 걸맞기 때문이다. 뉴턴이 자연이라는 책에 담겨진 진리를 탐구하였던 것처럼 스미스는 사회라는 또 다른 책의 진리를 탐구하였다.

제4장

의존과 독립, 타산과 번영:
상업 사회의 구성 원리

━━━━━━ 상업사회는 다른 여느 사회와는 다른 독특한 사회구성
원리를 가지고 있었다. 상업사회의 구조 및 진화와 그 구성원들의
선택 및 결과는 언제나 스미스 연구의 주된 관심사였다. 18세기의
문제를 해결하기 위한 첫 여정으로 상업사회의 구성 원리를 살펴볼
필요가 있다.

분업과 교환 헤겔이 시민사회로, 마르크스(Karl Heinrich Marx)
가 상품생산자사회로 명명한 사회 형태를 스미스는 **상업사회**
(Commercial Society)라고 개념화하였다. 스미스에 따르면 상업사회
는 무엇보다도 분업과 교환에 기초한 사회였다.

> 분업이 일단 확립되면, 한 개인은 자신의 노동생산물로
> 써 자신의 욕망의 극히 작은 부분만을 만족시킬 수 있다. 그
> 는 자기 자신의 노동생산물 중 자기 자신의 소비를 초과하
> 는 잉여분을 타인의 노동생산물 중 자기가 필요로 하는 부
> 분과 교환함으로써 자기 욕망의 대부분을 만족시킨다. 이
> 리하여 모든 사람은 교환에 의해 생활하며, 즉 어느 정도
> 상인이 되며, 사회 자체는 정확히 말해서 상업사회로 된다.

(『국부론』, 28)

상업사회의 기반인 분업은 그것이 이루어지는 장소에 따라 공장 내 기술적 분업과 공동체 내 사회적 분업으로 구분된다. 만일 노동자 김씨가 자동차 조립 공정에서 자동차 차체에 왼쪽 문을 부착하는 일에 배치된다면 그는 기술적 분업에 참가하고 있는 셈이다. 반면 대학을 졸업한 이군이 자신의 직업으로 중등학교 교사를 선택했다면 그는 사회적 분업에 참가한 것이다. 그러나 그것이 어떠한 형태이든 모든 분업은 생산성을 비약적으로 증대시키는 잠재력을 갖는다. 스미스의 『국부론』에 따르면 분업이 도입되지 않았을 경우 비숙련 노동자 1인이 하루 만들 수 있는 핀의 양은 20개에 불과하였다. 그러나 분업을 도입하여 공정을 18단계로 분할하고 난 이후 노동자 1인의 생산량은 4,800개로 증대하였다. 생산성과 관련해 볼 때 지금까지 보고된 어떤 기술도 분업의 성과를 따라가지 못한다. 분업의 도입이 인류 역사에서 획기적인 사건으로 여겨지는 것도 이러한 사정 때문이다.

분업이 도입된 경우 이제 교환이 불가피해진다. 상업사회는 분업에 기초하기 때문에 생계에 필요한 모든 물자를 시장 교환을 통해 얻어야 하는 사회이다. (반면 자신이 소비할 재화를 스스로 만드는 자급자족 경제의 경우 교환은 불필요하다)[1] 이제 상업사회의 교환 과정

---

1   상업사회는 물적 재생산의 두 계기인 생산과 소비가 분리된 사회이다.

애덤 스미스 『도덕감정론』 읽기

을 이해하기 위해 한 가지 사고실험을 도입해 보자. 먼저 지난 한 달 간 당신이 사용한 재화나 서비스의 목록을 작성해 보라. 생각보다 꽤 많은 품목들에 당신은 놀랄지도 모른다. 이제 그 품목들 가운데 스스로 제작하거나 공급한 품목이 있다면 이들을 제외하고 나머지를 체크 표시해 보라. 전체 품목 대비 체크 품목의 비율을 우리는 시장화 비율이라고 부를 수 있다. 만일 당신이 15세기 조선시대에 살고 있다면 이 비율은 꽤 낮을 것이다. 혹은 당신이 오늘날 농촌에 거주하고 있다면 이 비율은 높은 값을 보이겠지만 그래도 여전히 1 이하일 것이다. 그런데 만일 당신이 오늘날 도시에 거주하고 있다면 이 비율은 거의 1에 근접하거나 1이 될 것이다. 앞서 스미스가 이야기한 상업사회란 바로 이러한 사회를 말한다. 이러한 사회에서는 모든 사람들이 생계를 유지하기 위해 자신의 생산물을 거래하게 되고, 따라서 그들은 모두 상인이 된다.

이처럼 한 사회가 분업과 교환에 기반한 사회라면 이 사회에서 개인들 간의 연결과 유대는 매우 밀접해질 것이다. 이들 간의 경제적 상호의존성은 매우 높아서 이제 한 개인의 생계 유지는 다른 모든 개인들의 손에 달려 있게 된다. 일반적으로 개인들은 각자 자신의 고유한 삶의 목표를 가지며 이 목표를 위해 분투

이러한 분리가 다시 이어지고 재생산이 완결되기 위해서 교환이라는 매개가 요구된다. 반면 자급자족 경제의 경우 생산과 소비는 분리될 필요가 없으며 따라서 교환도 불필요하다.

한다. 게다가 개인들은 선(善)에 관한 자신의 관념들이 모두 상이하므로 각자의 상이한 목표를 추구하는 과정에서 서로 갈등하고 투쟁할 것처럼 보인다. 그러나 상업사회에서는 그럴 필요가 없다. 각 개인은 분업과 교환에 참가하여 타인의 목적과 선의 실현에 기여함으로써 자신의 목적과 선이 실현된다는 것을 깨닫게 된다. 상업사회에서 협력은 목적에 대한 명시적 합의가 없어도 가능한데,[2] 왜냐하면 각 개인은 이미 상호의존적 관계에 참가하며 이러한 상호의존성이 자신의 생계를 위해 타인과의 협력을 필수적인 것으로 만들기 때문이다. 따라서 자신의 경제적 성공을 위해서라도 개인은 타인의 경제적 성공에 기여하여야 한다. 요컨대 상업사회는 개인들 사이의 관계가 **부과된 상호의존성**(imposed interdependence) 혹은 **강제된 호혜관계**(enforced reciprocity)에 기반해 있다.[3]

독립과 자율 분업과 교환이 더욱더 일상적이 되고 상업사회가 번성할수록 개인들 사이의 상호의존성은 불가피하게 심화된다.

---

2   상업사회에서 합의 없이도 협력이 가능하다는 아이디어는 F. A. 하이에크(2018)에서 가져왔다.

3   독자들은 '강제된 호혜관계'라는 표현에 주의하여야 한다. 여기서 강제란 계약에 의한 시장적 강제를 뜻하지 시장 외부 권위에 의한 강제를 의미하지 않는다. 영어에서는 전자를 enforcement로, 후자를 coercion으로 구분한다. 호혜관계를 계약에 기반한 강제로 이해할 경우라야 비로소 바로 다음 절에 등장하는 독립과 자율을 상업사회의 구성요소로 인정할 수 있다.

그런데 모순적이게도 그리고 아이러니하게도 상업사회는 이들 개인 생산자들이 서로 독립해 실존하는 사회이기도 하다. 그가 무엇을 생산할지, 어떻게 생산할지 그리고 누구에게 판매할지 이 모든 사항들을 생산자 스스로가 결정하기 때문이다. 독립성과 자율성은 상업사회의 또 다른 구성원리이다. 스미스에 따르면

> 어느 한 체제에 매몰된 사람은 자기[…]계획 속의 어떤 부분이 조금이라도 계획과 달라지는 것을 참지 못한다. 그는 자기의 계획에 반대될 수 있는 강력한 편견들이나 커다란 이해관계에 대해서는 아무런 고려도 하지 않은 채, 자신의 계획을 완전히 그리고 전면적으로 추진해 나간다. 그는 이 거대한 사회를 구성하는 서로 다른 구성원들을 마치 장기판 위에서 손으로 말들을 배열하는 것만큼이나 아주 쉽게 배열할 수 있다고 생각하는 것 같다. 그러나 장기판 위의 말들은 사람의 손이 힘을 가하는 대로 움직이는 수밖에 달리 운동 원리가 없지만, 인간 사회라는 거대한 장기판에서는 모든 말 하나하나가 자기 자신의 운동 원리를 가지는데, 이것은 입법기관이 그들에게 부과하는 것과는 전혀 다른 것이다. 만약 각 구성원들의 운동 원리와 입법기관이 부과하는 운동 원리가 서로 일치하고 동일한 방향으로 작용한다면, 인간 사회의 게임은 편안하게, 조화롭게 진행될 것이며, 또한 행복하고 성공적일 것이다. (『도덕감정론』, 443)

만일 어느 독재자가 한 사회를 통치하고 있다면 이 사람에게 그 사회는 하나의 거대한 장기판에 불과하며 각 사회의 성원들은 쉽게 이리저리 배치할 수 있는 졸(卒)에 해당할 것이다. 그는 아무런 망설임도 없이 자기 뜻대로 말들을 배열할 것이고 이 배열을 손가락 뒤집듯이 변경할 것이다. 그러나 상업사회에서는 이것이 불가능하다. 상업사회의 개인들은 모두 자유로운 존재로서 스스로 분권적 결정을 내리는 사람들이다. 그들의 운동 원리는 독자성과 자율성이다.

상업사회에서 정부의 모든 정책들은 이러한 개인의 독자성을 염두에 두어야 한다. 개인의 독립성이 주어진 사회에서는 개인 행동을 이해하거나 유도하는 데 인센티브가 매우 중요해진다.[4] 만일 어느 학생이 경제학을 북한의 대학에서 배운다면 인센티브는 중요한 강의 주제가 아닐 것이다. 그러나 같은 학생이 남한의 대학에서 경제학을 수강한다면 강의 첫날부터 인센티브가 얼마나 중요한가를 배우게 될 것이다. 인센티브는 개인 모두가 각자의 운동 원리를 가지고 있는 사회에서만 의미를 가지기 때문이다. 북한과 달리 남한의 정부나 입법기관의 경우 어떤 정책을 수립하고 시행하고자 할 때, 정책의 성공을 위해서는 반드시 정책과 관련한 개

---

4   일상에서 인센티브는 흔히 성과급을 말한다. 그러나 여기에서 인센티브란 더 포괄적 의미로 사용되었는데 특히 인간의 행동에 영향을 미치는 유인 체계(誘引 體系) 일반을 의미한다. 이러한 유인의 형태에는 금전적·물질적인 것은 물론 비물질적인 것도 포함된다.

애덤 스미스 『도덕감정론』 읽기

인들의 인센티브를 세심하게 살펴야 한다. 개인이 독립적이고 자유로운 사회에서는 인센티브가 중요하다.

이해와 타산 한편 상업사회는 자기 이해와 타산에 의해 움직이는 사회이다. 우리는 상업사회를 결코 행복한 사회라고 부르기는 어려울 것인데, 왜냐하면 이 사회에서는 행복의 원천들인 사랑과 감사, 우정과 존경 대신 자기 이해와 타산이 작동하기 때문이다. 그러나 상업사회가 선행과 자혜에 기반하지 않아 행복하지 않다고 해서 그것이 사회로서 작동하지 않는 것은 아니다. 상업사회는 이상적인 사회 형태라고는 말할 수 없지만 그럼에도 현실적 존립 가능성을 인정받은 사회이다.

> 필요로 하는 도움이 사랑에서, 감사에서, 우정과 존경에서 서로 사이에 제공되는 곳, 그러한 사회는 번영하고 행복한 사회이다. 이러한 사회의 모든 구성원들은 사랑과 애정이란 기분 좋은 끈으로 묶여 있고 그리고 상호선행이라는 공동의 중심을 향해 끌려가고 있는 것이다. 그러나 비록 필요한 도움이 이와 같이 고결하고 이해관계를 초월한 동기에서 제공되지 않는다 하더라도 사회의 구성원들 사이에 서로에 대한 사랑과 애정이 없다고 하더라도 그 사회는 비록 덜 행복하고 덜 유쾌할지 몰라도 반드시 와해되는 것은 아니다. 사회는 그 구성원들 사이에 서로에 대한 사랑이 또는 애정이 없더라도, 마치 서로 다른 상인들 사이에서와 같

이, 사회의 효용에 대한 감각만으로도 존립할 수 있다. 비록 사회의 어느 누구도 서로에 대한 어떤 의무감이나 감사의 감정으로 서로 묶여 있지 않다고 하더라도, 사회는 합의된 가치평가에 근거하여 금전적 이익을 목적으로 선행을 서로 교환함으로써도 존속할 수 있다. (『도덕감정론』, 162-163)

상업사회에서 각자의 생산물은 자기 소비를 위해서 만들어진 것이 아니라 타인의 소비를 위해 만들어진다. 그러나 이는 결코 이타적 동기나 자혜로부터 나온 것이라고 볼 수 없다. 앞서 살펴보았듯이 상업사회에서는 타인에게 도움을 주는 행위를 통해 자신의 처지가 개선되고 이익이 증가되기 때문이다. 설사 이기적 동기에 의해 분업 및 거래에 참가한다 해도, 개인은 자신의 이익을 위해서라도 타인에게 그가 필요한 생활수단을 공급하지 않을 수 없다. 이 과정에서 사랑과 우정, 감사와 존경은 전혀 필요하지 않으며 요구되는 것은 오직 자기 이해와 타산뿐이다. 상업사회에서는 설사 타인들로부터 따뜻한 인간미를 기대하지는 못할지언정 내가 필요로 하는 모든 재화들을 이들로부터 공급받을 수 있게 된다.

축적과 번영 마지막으로 상업사회는 부의 축적과 번영이 이루어지는 사회이다. 18세기 유럽인들에게 사회의 진보는 인구가 증대하고 부가 축적되는 것을 의미했다. 그런데 상업사회의 조건이 이러한 사회의 진보에 결정적으로 기여할 수 있다는 것이 점

애덤 스미스 『도덕감정론』 읽기

차 뚜렷하게 인식되었다. 분업으로 인한 생산력 발전의 잠재성이 주어진 상태에서 부를 향한 인간의 욕망이 적절히 자극 받는다면 사회는 진보하고 문명은 발전할 것이다. 이 점은 특히 스미스와 동시대인이었던 철학자 칸트(Immanuel Kant)에게도 놀랄 만큼 뚜렷하게 인식되었다.

각 개인들이 자기 본위적인 주장을 하고 나설 때 불가피하게 마주치는 저항을 야기하는 이러한 몰사회적 성격이 없었다면 인간은 한 명의 아르카디아 사람(완전한 화합, 자급자족, 상호애로 특징지어지는 목가적 존재)으로 살았을 것이다. 그러나 모든 인간들의 재능은 동면 상태로 영원히 숨겨져 있을 것이며, 그들이 돌보는 양만큼이나 온순한 인간들은 다른 동물보다 더 가치있는 존재가 될 수 없었을 것이다. 그들이 창조된 목적, 즉 그들의 합리적 본성은 채워지지 않은 채 비어있을 것이다. 따라서 자연은 사회적 양립불가능성, 서로 시기하는 경쟁적 허영심, 소유 내지 심지어 권력을 향한 만족할 줄 모르는 욕망을 조장했다는 점에서 마땅히 감사받아야 한다. 이러한 욕망들이 없었더라면 인간의 모든 탁월한 천부적 능력들은 여전히 발전하지 못하고 있을 것이다. (캘리니코스, 『사회이론의 역사』, 38 재인용)

부를 증대하기 위해 필요한 기술과 방법들이 고안되고 이를 적극적으로 활용하는 데 요구되는 인간 정신에 대한 자극이 있고 난 이후, 인류는 이전 사회 형태에서는 꿈도 꾸지 못하였던 엄청 난 풍요를 누리게 되었다. 로크(John Locke)에 따르면 **"유럽의 빈자는 심지어 아프리카의 왕보다 물질적으로 더 부유"**(Rasmussen 2009, 145 재인용)해졌다. 스미스 역시 이에 동의하였는데 그에 따르면 "유럽 왕의 생활용품이 근면하고 검소한 농민의 생활용품을 증가하는 정도는, 후자가 수만명의 나체 야만인들의 생명과 자유의 절대적 지배자인 아프리카 왕의 생활용품을 능가하는 정도보다 크지 않"을 것이다.(『국부론』, 16) 이제 과거에는 상상도 할 수 없었던 물질적 번영의 가능성이 상업사회에서 열리는 것처럼 보였다.

스미스는 인간의 역사가 서로 구분되는 몇 개의 단계를 거친 다고 보았다. 예를 들어 인류가 처음 경험하는 사회 형태는 수렵 사회이고 그 뒤를 이어 유목사회, 농경사회가 도래한다. 이전 단 계에서 다음 단계로 진행할수록 사회는 보다 문명화된 단계로 들 어서게 된다.[5] 그리고 발전의 마지막 단계가 다름 아닌 상업사회

---

5   스미스가 이러한 역사 구분을 도입한 이유는 법학 연구 때문이다. 법학 의 중요한 연구 주제 가운데 하나는 소유권인데 최초로 소유권이 등장한 사회발전 단계는 유목사회이다. 유목사회에서 사람들은 가축을 기르기 시작하는데 이러한 가축 스톡은 특정 개인의 소유가 된다. 이는 소유권 이 역사에 등장하는 계기이다. 스미스에 따르면 소유권의 등장은 국가의 등장과 궤를 같이 한다. 왜냐하면 시민정부는 빈자들로부터 부자들의 소 유권을 지키기 위해 출현하였기 때문이다. 경제적 조건으로부터 국가를 도출하는 스미스의 논의는 국가를 포함한 상부구조 제도들이 토대라는

이다. 이 사회 형태는 16세기 이래 이탈리아의 도시국가들 그리고 네델란드와 영국에서 처음으로 그 모습을 드러내기 시작하였다.

독일의 작가인 프리드리히 쉴러(Johann Christoph Friedrich von Schiller)는 『미학 편지』라는 저작에서 인류가 경험한 사회 형태에 관해 흥미로운 사실들을 고찰하고 있다. 그는 각 개인들이 자유롭게 결정을 내리지만 이들의 행동들이 서로 조정되지 않는 사회 형태를 '미개'라고 명명하였다. 예를 들어 인류역사 초기단계에 해당하는 수렵사회가 이에 근접한 경우이다. 반면 각 개인들이 일사불란하게 행동하고 사회가 잘 조직되어 있는 것처럼 보이지만 오로지 독재자 개인만이 독립적인 선택을 할 수 있는 '야만'이라는 사회 형태가 있을 수 있다. 수렵사회의 뒤를 이은 유목 및 농경사회가 이에 해당한다. 미개의 경우 자유가 있는 듯 보이지만 사회는 성립할 수 없고, 야만의 경우 사회가 성립하는 것처럼 보이지만 개인의 자유는 존재할 수 없다. 쉴러는 개인의 자유가 억압받지 않고 마음껏 발휘됨에도 불구하고 이들 사이의 행동이 서로 조정되어 사회가 성립되는 경우야말로 인류 역사의 다음 단계라고 생각하고, 이를 **'자유로운 시민들의 연합'**이라고 명명하였다. 상업사회 단계에서 드디어 인류는 미개와 야만의 단계를 지나 자유와 연합이 동시에 성립 가능한 사회로 진입하는 것처럼 보였다. 독립과 자율성은 인간들에게 전례 없는 자유를 제공하는 것으로

물적 조건에 의해 규정된다는 마르크스의 주장을 연상시킨다.

보였고 분업과 교환, 축적과 성장은 인류가 사회를 구성함으로써만 성취 가능한 경제적 성과인 것으로 여겨졌다.

　그러나 이 모든 성취 앞에 몇 가지 불안한 징후들이 드러나기 시작하였다. 한 개인이 오로지 자신의 이기적 고려와 타산만을 생각하고 상대방을 대하기 시작할 때 과연 그 사회는 안정적으로 유지될 수 있을까? 노골적인 이해타산이 판치는 세상은 약육강식의 법칙이 지배하는 정글이 되지 않을까? 자기 이해와 타산이 사랑과 존경을 대체할 때 그 사회 성원들은 행복할 수 있을까? 다름 아닌 이런 문제들이 스코틀랜드 계몽주의자들이 맞닥뜨렸던 18세기의 문제들이었다. 이제 스미스가 이 문제들에 대해 어떻게 답하였는지 그 여정을 따라가보기로 한다.

제5장

공감과 상상력:
도덕의 우주

이론을 구상할 경우 가장 중요한 것은 그 출발점이다. 어떤 출구로 들어가는가에 따라 분석의 성격과 결과가 어느 정도 결정되기 때문이다. "우리의 탐험이 끝나는 때는 시작이 어디인지 알아내는 순간이다." 라고 시인 엘리엇(Thomas Stearns Eliot)이 말했을 때 그는 출발점을 찾는 것이야말로 대상을 이해하는 핵심이라는 통찰을 언급한 셈이다. 사실 출발점은 종종 연구의 최종 단계에서 발견된다. 발견된 이 출발점으로부터 서술의 과정이 시작된다.[1] 앞으로 우리가 살피게 될 스미스의 저서 『도덕감정론』에서 그의 출발점은 인간들 사이의 감정의 소통, 즉 **공감**(sympathy)이었다. 사회 질서의 기원을 규명하려는 스미스의 경우 이러한 출발점은 중요한데, 왜냐하면 만일 도덕이 사회 질서의 기반이라고 한다면 공감이 도덕

---

1 만일 어떤 사람이 특정한 대상에 대해 글을 쓰고자 한다면(즉 서술하고자 한다면) 먼저 그 대상을 면밀히 '연구'하여야 한다. (엘리엇의 표현을 따르면 탐험하여야 한다) 연구의 결과로 그 대상의 핵심적 요소를 발견하였다면 그는 자신의 '서술'을 그 요소로부터 시작할 것이다. 연구와 서술 간의 이러한 대위법(對位法)은 네델란드의 철학자 스피노자(Baruch de Spinoza)로부터 기원한다.

의 출발점이 되며 따라서 공감은 또한 사회 질서의 기원이 되기 때문이다.

통상적으로 공감이란 행위자와 관찰자 간 감정의 일치 상태를 말한다. 만일 영희가 흔들리는 버스 안에서 거동이 불편해 보이는 노인 이씨에게 자리를 양보하는 것을 내가 목격했다고 하자. 나는 이 선행을 보고 분명 영희의 행동을 칭찬할 것이다. 혹은 그녀의 친절한 행동의 타당성을 시인할 것이다. 요컨대 관찰자인 나는 행위자인 영희의 행동에 공감할 것이다. 공감이란 두 사람 간의 감정의 교류를 통해 이루어지는 시인을 말한다. 공감, 즉 'sympathy'란 원래 칭찬이나 노여움과 같은 파토스(pathos)를 나눈다는 의미이다.

주요 당사자의 본원적 열정이 관찰자의 동감적 정서와 완전히 일치하고 있는 경우, 열정은 필연적으로 이 관찰자에게는 정당하고 적당하며 그 대상에 적합한 것이라고 생각될 것이다. 반대로 주요 당사자의 입장을 절실히 느끼고자 해도 그 열정이 그가 느끼는 바와 일치하지 않는 것을 발견한다면, 그 열정은 관찰자에게는 부당하고 부적절하며 그것을 야기한 원인에 적합하지 않는 것이라고 생각된다. 따라서 타인의 열정이 그 대상에 적합하다고 시인하는 것은 바로 우리가 그 열정에 완전히 동감한다고 말하는 것과 같다. 또한 시인하지 않는 것은 그것들에 완전히 동감하지

애덤 스미스 『도덕감정론』 읽기

않는다고 말하는 것과 같다. (『도덕감정론』, 41)

나는 영희의 마음을 결코 알 수 없다. 영희는 남이고 나를 포함해 그 누구도 남의 마음을 들여다볼 수 없기 때문이다. 그러나 나는 대신 **상상력**(imagination)을 펼칠 수 있다. 상상을 통해 내가 영희의 처지와 입장을 바꾸어 보는 것이다. 이러한 감정 이입(empathy)을 동양권에서는 역지사지(易地思之)라고 표현하는 반면, 서양에서는 '다른 사람의 신발을 신어본다'(put myself in other's shoes)라고 표현한다. 상상력이 없다면 공감도 불가능하다. 이제 내가 영희였다고 상상해보기로 하자. 상상 속에서 영희가 된 나 역시 그 노인에게 자리를 양보할 것이다. 그런데 현실 속에서 실제 영희도 자리를 양보하였다. 상상된 결과와 관찰된 결과가 이처럼 일치하게 될 때 나는 영희의 행동에 공감하게 된다.

우리는 타인의 행위에 공감함으로써 그의 행동을 시인하고 그에 대해 적절성을 부여한다. 마치 영희에게 공감한 경우처럼 말이다. 그러나 공감하지 못할 경우 타인의 행동은 부인되며 적절성은 발생할 수 없다. 순희가 길거리에서 폐지 줍는 노인을 보고 '인생의 패배자'라고 놀리고 손가락질하는 것을 보았을 때 우리는 순희의 행동의 적절성을 부인할 것이고 그녀를 비난할 것이다. 적절성이 인정된다면 타인의 행동은 옳은 것으로서 칭찬을 받게 되지만, 인정되지 못한다면 그릇된 것으로 여겨져 비난의 대상이 된다. 결국 우리는 상상력을 사용하여 공감을 하고, 공감을 통해 타인의 행동의 도덕성을 판단하는 절차를 겪은 셈이다. 이제 우리는 상상력을 통해서 도덕이라는 새로운 우주를 만들어낸 것이다.

스미스는 『국부론』 첫 장에서 오직 인간만이 교환에 참가한다는 점을 힘주어 말한다. 이 세상의 그 누구도 개들이 뼈다귀를 두고 교환에 참가했다는 이야기를 듣지 못했을 것이다. 교환 혹은 그것을 이끈 교환 성향은 오직 인간만의 고유한 행동 양식이다. 같은 맥락에서 스미스는 『도덕감정론』 첫 장에서 오직 인간만이 공감할 수 있다는 점을 강조한다. 상상력이 인간 고유의 능력이라면, 상상력에 기반한 공감 역시 오직 인간에게만 한정된 행위라는 것이다. 이러한 주장은 리들리 스콧 감독의 영화 『블레이드 러너』와 그 원작인 필립 K. 딕의 작품 『안드로이드는 전기양을 꿈꾸는가』를 떠오르게 한다. 소설 속 주인공 릭 데커드는 화성 식민지로부터 탈주한 안드로이드를 잡아 생계를 꾸리는 현상금 사냥꾼이다. 그는 누가 안드로이드인지를 확인하기 위해 보이그트 캄프 감정이입 테스트라는 특별한 방법을 사용한다. 이 방법의 원리는 간단하다. 인간이라면 데커드가 불러주는 문장 상황에 공감 반응을 할 것이지만, 전자 회로로 구성된 안드로이드는 공감하지 못한다. 보이그트 캄프 테스트의 원리는 오직 인간만이 공감할 수 있다는 사실에 기반해 있다. 개들이 교환에 참가할 수 없듯이 안드로이드 역시 동감이라는 감정을 느낄 수 없다.

다시 영희의 사례로 돌아가 보자. 영희는 행위자이고 노인 이씨는 피행위자였다. 나는 행위자에게 공감하였고 그녀의 도덕적 행위를 승인하였다. 이는 **공감의 제1단계**라고 할 수 있다. 그러나 동일한 상황에서 또 다른 공감이 발생할 수 있다. 영희의 행동에 공감한 이후 이제 나는 피행위자인 노인 이씨에게도 공감하게 된다. 물론 이 경우에도 역시 상상력이 필수적이다. 나는 내가 노인 이씨라고 상상한다. 상상 속에서 노인 이씨가 된 나는 영희의 선행에 깊은 감사를 느낄 것이다. 그런데 현실 속에서 실제 노인 이씨도 영희에게 깊은 감사의 표시를 한다. 다시 상상된 결과와 관찰된 결과가 일치하게 되며 이 경우 나는 노인 이씨의 행동에 공감을 하게 된다. 이것이 **공감의 제2단계**이다. 행위자(영희)의 행동에 대한 직접 공감이 제1단계였던 반면, 피행위자(노인 이씨)의 행동에 대한 간접 공감이 제2단계인 셈이다. 1단계의 경우 행위의 동기가 부각되는 반면, 2단계의 경우 행위의 결과가 강조된다. 따라서 영희의 선행은 1단계의 경우 칭찬의 대상이며, 2단계의 경우 보상의 대상이다.

우리는 주어진 행위의 도덕적 판단 과정에서 동기와 결과를 언제나 같이 살펴야 한다. 특히 도덕적 판단을 행할 경우, 행위의 결과 못지않게 행위의 동기 역시 중요하다. 예를 들어 자기 과시나 세금 감면을 목적으로 기부 및 자선 행위를 하는 것은 아무리 좋게 보아도 칭찬할만한 일이 아니다. 혹은 우리 갈 길을 가로막은 바위에 대해 처벌하는 것은 우스꽝스러운 일임에 틀림이 없다. 전자의 경우 기부의 동기는 순수하지 못하며, 후자의 경우 바위의 동기는 아예 존재하지 않는다. 이처럼 동기와 관련한 사정을 무시

한다면 타당한 처벌이나 칭찬도 존재할 수 없다.

그런데 여기서 한 가지 문제가 발생할 수 있다. 행위의 동기가 중요한 것은 사실이지만, 행위 결과가 오로지 행위 동기에 의해서 결정되지 않을 가능성이 존재한다. 만일 개인이 통제할 수 없는 요인들이 인간 행동의 결과에 영향을 끼칠 경우 이에 대한 도덕적 판단은 어떠해야 하는가? 어떤 행위에 운이 개입된다면 행위의 결과는 일종의 굴절을 겪게 된다. 따라서 이 행위를 판단하는 사람의 경우에도 감정의 '불규칙성'이 발생할 수 있다. 그런데 현실에서 행위의 동기가 완전히 실현되지 못한다 할지라도 사람들은 오로지 그 결과에 대해서만 관심을 갖는 경향이 있다.

여기서 다소 놀랍게도 스미스는 이러한 굴절과 경향을 나쁘게 보지 않는다. 왜냐하면 사람들은 이러한 굴절을 피하기 위해 굴절이 없었을 때보다 더 많은 노력을 기울일 것이고, 결과만 중시 여기는 성향도 단순한 의도조차 단죄하려는 마녀 재판적 히스테리를 막아주기 때문이다. 예를 들어 개인들이 타인에게 선행을 베푸는 경우에도 예상치 못한 요인들로 인해 자신의 선의가 쉽게 실현되지 않을 수 있다. 따라서 개인이 이 점을 미리 알고 있다면 그는 선행을 위해 더 많은 노력과 여분의 자원을 준비할 것이다. 한편 국가나 사회는 개인이 마음 속에 품은 신념이나 사상을 검열하고자 하는 유혹에 쉽게 굴복할 수 있다. 그러나 국가나 사회가 오직 개인의 드러난 행위에 대해서만 판단해야 한다면 개인의 양심과 신념에 대한 마녀 사냥은 훨씬 더 줄어들 것이다.

행위 결과가 일부 운에 좌우되고 평가 역시 불규칙적이므로 우리가 창조해낸 이 도덕이라는 우주는 이음새가 없는 완벽하게 매끈한 공이라기보다 여러 이질적인 천으로 기운 누더기 공이라고 보는 것이 더 적절할 것 같다. 의지와 동기로 특징지어지는 마음의 세계와, 가변성과 불규칙성으로 특징지어지는 운의 세계 사이에는 봉합의 흔적이 늘 남아있다. (K. Haakonssen, 2002, xvii)

제6장

공정한 관찰자:
우리 안의 재판관

앞에서 노인 이씨에 대한 영희의 선행을 내가 도덕적으로 평가하는 과정을 살펴보았다. 이제 역할을 바꾸어 내가 다른 누군가에게 행동하는 것을 제3자가 관찰하고 도덕적 평가를 내린다고 생각해보자. 예를 들어 내가 지나가던 행인 박씨가 갑자기 쓰러지는 것을 목격하고 그를 돕기 위해 길을 건너 달려갔다고 가정해보자. 나는 그를 위해 119 전화 구조 요청을 하고 구급대가 도착하기 전까지 인공호흡을 포함해 할 수 있는 모든 일을 아끼지 않았다. 길을 가다 나의 이러한 행동을 본 시민 정씨는 나의 행동의 적정성을 시인하고 기꺼이 칭찬할 것이다. 요컨대 정씨는 나의 행위에 대해 공감할 것이다.

정씨의 공감을 알게 된다면 이제 나는 기뻐할 것이다. 인간은 본성상 공감을 받을 때 행복감을 느끼기 때문이다. 인간은 정서적인 동물이며 공감은 더할 나위 없이 큰 즐거움을 선사한다.

조물주가 사회를 위해 인간을 만들 때, 그는 처음부터 인간에게 자신의 형제들을 기쁘게 해주고 싶다는 욕구와 그들을 불쾌하게 하는 것에 대한 혐오를 부여하였다. 그는 인간에게 형제의 호의에 기쁨을 느끼고 형제의 혐오에 고통을 느끼도록 가르쳤다. 그는 형제들의 시인을 그에게 가장 기쁘고 가장 유쾌한 것으로 동시에 그들의 부인을 가장 수치스럽고 불만인 것으로 만들었던 것이다. (『도덕감정론』, 221)

그의 형제들이 그의 행동을 시인해줄 때는 그것이 크건 작건 간에 기쁨을 느끼도록 가르치고 그리고 그들이 부인할 때에는 그것이 크건 작건 간에 마음의 상처를 느끼도록 가르쳤다. 조물주는 사람을… 인류의 즉석 재판관으로 만들었다. (『도덕감정론』, 241)

스미스는 공감이야말로 인생의 참된 즐거움이라고까지 말한다. 스미스가 이를 위해 드는 예는 고대 로마의 군인이자 정치가이며 역사가인 대(大) 카토(Cato, the Elder)였다.

카토는 적에게 사방으로 포위되어 더 이상 그들에게 저항할 수 없는 상황에서도 적에게 항복하는 것을 부끄럽게 여기고, 따라서 그 시대의 자랑스런 행동원칙에 따른다면 스스로 죽음을 택할 수밖에 없는 상황으로 몰렸다. 그러나 그는 이 불운에도 기가 꺾이지 않았고, 구슬픈 비열한 소리로 우리에게 우리가 언제나 흘리기를 꺼려하는 동감의 눈물을 애걸하지도 않았다. 반대로 그는 남자다운 강건함으로 무장하고 자신의 비장한 결의를 실행하기 직전에 평소와 같이 침착하게 그의 친구들의 안전을 도모하기 위해 필요한 모든 명령을 내렸다. 카토의 이러한 행동들은 무감각의 효용에 대한 위대한 주창자 세네카의 눈에는, 신들까지 기쁨과 감탄의 마음으로 지켜볼 장관(壯觀)으로서 비춰졌다.

(『도덕감정론』, 87)

부러질 수는 있어도 꺾이지 않겠다는 카토의 결연한 의지와 의연한 최후를 보면서 사람들은 그에게 깊이 공감한다. 이러한 고결함과 함께한다는 것이야말로 삶의 그 어떤 즐거움보다 더 값어치 있으며 최고 수준의 즐거움으로 우리를 인도한다.

인간이 사회적인 존재라는 것 역시 바로 이러한 점에서 온전히 드러난다. 사회는 자신을 비추는 거울이다. 개인은 이 사회라는 거울을 통해서 자기를 인식한다. 이 거울이 자신을 훌륭한 모습으로 비추어주었을 때 개인은 커다란 기쁨을 만끽한다. 타인으로부터 승인받고 인정받으며 사랑받고 있다는 자각보다 더 큰 즐거움의 원천은 존재하지 않는다. 인간은 언제나 상대방의 반응에 노심초사하는 근심에 싸인 동물인데 이 점은 인간 존재의 사회적 성격을 잘 보여주는 사례이다. 사실 인간사에서 가장 큰 즐거움은 상호 공감을 통해 발생한다. 상품의 교환을 통해 거래 당사자 모두가 거래의 이득을 얻어가는 것처럼, 공감의 교환으로 양 당사자

는 최고의 기쁨 상태를 향유하게 된다.[1]

사람들의 시인과 공감이 기쁨의 원천이 된다면 그리고 사람들이 나의 선한 행동에 대해 적극적으로 지지한다면, 이제 나에게 도덕적 행동을 스스로 행할 유인이 발생한다. 상업사회에서 인간은 자신의 물질적 상태를 더욱 개선시킬 유인을 갖지만(경제적 인센티브) 동시에 자신의 도덕적 미덕을 고양시킬 유인 또한 가지게 된다. 따라서 **행동의 승인을 둘러싼 사회의 인정망은 하나의 거대한 도덕적 장치**로도 이해할 수 있다. 이후 다시 살펴보겠지만 이

---

1   타인에 대한 공감과 이를 통한 타인과의 일체감이야말로 인간이 누리는 행복의 궁극적 원천이라는 점은 이전부터 일부 선각자와 사상가들에 의해 인정되어 왔다. 예를 들어 톨스토이는 "이승에서 인간이 얻는 최고의 행복은 사람들과의 융합과 일치이다"라고 주장한 바 있다. (L. N. 톨스토이, 2017) 그는 『안나 카레니나』나 『전쟁과 평화』와 같은 문학작품을 통해 이러한 생각을 드러내 보이기도 하였다. 이러한 사고는 그의 예술관에서도 잘 드러난다. "진짜 예술을 가짜 예술에서 구별하기 위한 확실한 특징이 하나 있다. 예술의 감염성이 그것이다. 만일 사람이, 자기 쪽에서는 능동적인 일을 하지 않고 자기 입장을 조금도 바꾸지 않고서 남의 작품을 읽고 듣고 보고 한 결과, 자신이 그 작가와 공감을 하고 또한 그 작품을 감상한 다른 사람들과 공감을 한 경우, 그런 마음을 일으키는 것은 틀림없는 예술품이다. 그와 반대로, 대상이 아무리 시적이거나 진짜를 닮았거나 효과적일지라도, 아니면 흥미를 돋우는 것일지라도, 그것이 만일 다른 보통 감정과는 구별되는 전혀 독자적인 기쁨의 감정, 즉 다른 사람(작가)이나 같은 예술 작품을 감상하는 다른 사람들(청중, 관객)과 정신적으로 합일하는 감정을 환기하지 않는다면, 그것은 진정한 예술이 아니다." (L. N. 톨스토이, 2019, 197) 그의 주장에 따르면 공감은 진짜 예술의 조건이다.

점은 스미스 사상 체계에서 매우 중요하다.

그런데 여기서 다시 한 가지 사소하지 않은 문제가 발생한다. 상대방의 시인은 분명 나의 기쁨의 중요한 원천이지만 동일한 나의 행위를 두고 누가 평가하는가에 따라 시인의 방향이나 정도가 달라진다면 이는 문제가 아닐 수 없다. 만일 나를 끔찍이 사랑하는 내 연인이 나를 평가한다면 그 평가는 십중팔구 왜곡될 것이다. 마찬가지로 나를 증오하는 내 경쟁자가 나를 평가한다면 이 역시 다른 방향이지만 왜곡되기는 마찬가지이다. 나의 행동을 나의 연인은 무조건 승인할 것이고, 나의 경쟁자는 무조건 거부할 것이기 때문이다. 관찰자에 따라 나의 행위의 도덕적 가치가 크게 변동한다는 것은 그리 좋은 일이 아니다. 왜곡된 판단으로 나는 지나치게 우쭐대거나 필요 이상으로 위축되기 십상이기 때문이다. 예를 들어 만일 사람마다 길이의 척도가 달라 동일한 대상의 크기를 다르게 보고한다면 나는 혼란에 빠지게 될 것이다. 도덕의 척도 역시 마찬가지이다. 지나친 관대함과 편애, 과도한 엄격함과 비난은 행위에 대한 공정한 평가를 어렵게 만드는 요인들이다.

이제 이 문제에 대한 해결책으로 나는 공정하고 편파적이지 않은 새로운 판단근거를 마련하지 않으면 안 된다. 이 새로운 근거는 첫째, 무엇보다 편애적이지 않아야 하는데 이는 당면한 상황에 비추어본다면 당연한 이야기이다. 새로운 기준은 그 어떤 선입견이나 당파적 견해로부터 자유로워야 한다. 또한 둘째, 이 새로운 근거는 주어진 상황에 대한 완벽한 지식과 정보를 갖추고 있어야 한다. 제한적 정보만을 가지고서는 행위의 적정성에 대한 판단이 어렵기 때문이다. 따라서 내부 사정을 잘 알고 있는 사람만이 도덕적 판결을 내려야 한다. 셋째, 이 새로운 근거는 또한 상상력이 풍부하여야 한다. 동감의 원리가 상상력에 기반한다는 사실을 떠올린다면 상상의 결핍이 가져오는 잘못된 판단의 위험을 충분히 짐작할 수 있다. 넷째, 동시에 이 새로운 근거는 보수적이고 엄격하여야 한다. 적정성 판단의 남용을 막기 위해서 반드시 "최소한의 동감과 관용밖에는 기대할 수 없"어야(『도덕감정론』, 284) 한다. 한마디로 그것은 공정하고, 객관적이어야 하며, 균형 잡혀 있고, 공평무사하여야 한다. 스미스는 객관적 판단의 필요로 인해 우리가 스스로의 행동을 평가할 때 이러한 속성을 갖는 가상의 재판관을 소환한다고 생각하였다.

> 우리는 우리 자신이 우리 행위의 방관자라고 상정하고
> 그러한 관점에서 우리의 행위가 우리에게 어떠한 영향을
> 초래할지를 상상하려고 노력한다. (『도덕감정론』, 213)

이제 외부의 관찰자를 대신하여 내부의 관찰자가 나의 행동을 시인할지 부인할지를 판단한다. 이제 나는 스스로 나의 관객이 되고, 나의 검열관이 되며, 나의 재판관이 된다. 이로써 나는 일종의 도덕적 유체이탈(遺體離脫)을 경험하게 된다. 나는 둘로 분열되는데 하나는 재판을 받는 피고(행위자)가 되고 다른 하나는 판결을

내리는 재판관(관찰자)이 된다. 스미스는 이 재판관을 특별히 **불편부당한/공정한 관찰자**(Impartial Spectator) 혹은 **마음속의 사람**(the man within the breast)이라고 불렀다.

공정한 관찰자의 역할과 기능을 설명하기 위해 스미스는 한 가지 흥미로운 비유를 제시한다. 우리는 큰 사물과 작은 사물을 올바르게 비교하기 위해 원근을 조정한다. 내 창가에서 보이는 저 산은 내 방 안의 액자보다 더 작게 보이지만 나는 무의식적으로 산의 실제 크기를 떠올리고 그것을 반영하여 크기를 짐작한다. 이러한 거리 및 크기의 객관화를 통해서만 나는 현실에 더 부합하는 판단을 할 수 있다. 공정한 관찰자 역시 마찬가지이다.

> 우리가 이러한 대립하는 여러 이해관계에 대하여 정당한 비교를 하기 위해서는 우리는 우리 자신의 입장을 변경하지 않으면 안된다. 우리는 여러 이해관계들을 우리 자신의 입장으로부터도 아니고 더구나 상대방의 입장으로부터도 아닌 제3자의 눈과 입장에서 보지 않으면 안된다. 그 제3자라는 것은 어느 한 쪽에 특별한 관계를 갖지 않고 우리 사이를 공정하고 중립적으로 판단하는 사람이다. (『도덕감정론』, 251)

크기의 계산에서 우리 거리를 객관화함으로써 오류에서 벗어날 수 있었듯이, 도덕의 계산에서는 이해관계로부터 자유로워짐으로써 잘못된 판단에서 벗어나게 된다. 전자에서 원근법의 원리가 우리를 지도하듯이, 후자에서는 공정한 관찰자의 판단이 우리를 지도한다.

스미스의 불편부당한 관찰자 개념 안에는 묘하게도 20세기 후반의 사회철학자 롤스(John Rawls)의 논의를 연상시키는 그 무엇이 있다. 롤스는 정의로운 사회의 규칙을 유도하기 위해 원초적 입장(original position)이라고 명명된 하나의 사고 실험을 도입한다. 개인은 자신의 국적이나 성별, 재산 상태나 신체 상태 등 자신의 정체성을 구성하는 모든 특징들에 대해 무지한 채, 혹은 롤스 자신의 표현을 그대로 빌려오자면 '무지의 베일'을 뒤집어쓴 채, 정의로운 사회규칙을 제정하는 데 참가한다. 원초적 입장의 묘미는 "우리는 우리 자신이 누구인지 모르지만 계몽된 자기 이익의 관점에서 행위함으로써 불편부당한 해결책을 선택하도록 강제당한다(G. 시르베크 외, 2016, 982)"는 점이다. 롤스에 따르면 원초적 입장에서 만장일치를 통해 도출된 결론은 불편부당하고 공정한 것일 수밖에 없다. 왜냐하면 규칙 설계에 참가한 개인들은 모두 동일하고 보편적인 판단의 기반 위에서 결정을 내리기 때문이다.

그런데 원초적 입장에서 무지의 베일을 뒤집어쓰고 내려진 판단은 다름 아닌 불편부당한 관찰자의 판단일 것이다. 왜냐하면 스미스의 불편부당한 관찰자 역시 공정하고 사심 없으며 공평한 입장에서 판단을 내리도록 구성되었기 때문이다. 요컨대 **불편부당한 관찰자는 원초적 입장의 의인화된 형태**라고 보아도 무방할 것

애덤 스미스 『도덕감정론』 읽기

이다. 롤스와 스미스의 이러한 뜻하지 않는 연관성을 우연이라고만 치부할 수 없다. 두 가지 접근 모두 공정하고 불편부당한 결정에 도달하기 위해 특정한 경로를 공유하기 때문이다. 예를 들어 두 접근 모두 올바른 판단에 이르기 위해 상상을 강조한다. 롤스는 공정하고 정의로운 사회 규칙에 도달하기 위해 원초적 입장의 모든 과정을 상상해보라고 권고한다. 그런데 앞서 우리가 보았듯이 공정한 관찰자가 되어 판단하기 위해서도 풍부한 상상력을 갖추어야 한다. 롤스와 스미스 모두에게 상상력은 일종의 도덕적 경험을 위한 객관화 장치이다.

공평무사한 관찰자가 도입되고 도덕 판단 체계에 새로운 구조가 도입됨으로써 이제 공감은 더욱더 다층화된다. 행위자에 대한 나의 공감이 1차 공감이라면, 피행위자에 대한 나의 공감은 2차 공감이었다. 그런데 이제 나에 대한 공정한 관찰자의 공감이 새롭게 발생하며 이는 3차 공감의 단계를 구성한다. 새로운 공감 위계의 등장으로 도덕적 판단의 체계 역시 위계화된다. 타인의 견해에 기반한 시인은 외부인간의 법정에 해당하는 반면, 공정한 관찰자의 견해에 기반한 시인은 내부인간의 법정에 해당한다. 하급심보다 상급심이 더 권위를 갖는 법정이듯이, 타인의 견해보다 공정한 관찰자의 견해가 더 높은 심급의 도덕적 판단을 제공한다. 이제 나는 세간의 여론이나 평가인 1심이 아니라 공정한 관찰자의 인정이라는 2심을 더 중시 여긴다. 내 행동에 대해 공정한 관찰자의 공감을 얻는다는 것은 나의 감성적 판단에 일반성과 사회성이 부여된다는 뜻이다. 나는 내 안에 항상 내 행동을 관찰하는 공정한 관객을 두고 내 행동의 타당성을 따지게 된다.

어떤 경우 우리는 타인의 시인 그 자체를 얻기 위해, 다시 말해 타인의 칭찬 그 자체를 얻기 위해 행동할 수 있다. 인간은 칭찬을 애호하고 칭찬을 받는 것에서 큰 즐거움을 누리므로 타인의 칭찬 그 자체를 얻기 위해 도구적으로 선행을 행할 수 있다. 그러나 공정한 관찰자의 승인은 이와 성격이 다르다. 외부의 인간이 당신을 칭찬한다면 세상 모든 사람들이 이를 알게 되겠지만, 공정한 관찰자가 당신을 칭찬한다면 이는 오직 당신만이 알 따름이다. 외부인간의 법정에서 중요한 것이 칭찬 그 자체였던 것에 반해, 내부인간의 법정에서 중요한 것은 **칭찬받을 만한 존재가 되는 것**이다. 따라서 내부인간 법정에서는 화려한 찬사나 떠들썩한 인정은 기대할 수 없고 오직 자기에 대한 자신의 인정만이 그것들을 대신한다. "그의 자기 시인은 다른 사람들의 시인으로부터의 어떤 확인을 필요로 하지 않는다. 그것 자체로 충분하고 그리고 그는 그것에 만족한다." (『도덕감정론』, 223) 그러므로 그 어떤 타인도 시상식에 참가하지 않겠지만 상 가운데 가장 높은 상은 공정한 관찰자가 내리는 상, 즉 자신이 자기에게 내리는 상이다.

객관적 시각만이 우리 도덕성의 토대가 되어야 한다는 공정한 관찰자의 아이디어를 잘 보여주는 사례가 있다. 이를 보여주기 위해 스미스는 아주 극적인 상황을 도입한다.

중국이란 대제국이 그 무수한 주민과 함께 갑자기 지진으로 사라져버렸다고 상상해보자. 그리고 중국과는 어떠한 관계도 갖지 않았던 유럽의 어떤 인도주의자에게 이 가공할 만한 재앙의 보도가 주어졌을 때, 그가 어떤 영향을 받을 것인지를 상상해보자. 나의 상상으로는, 그는 무엇보다도 먼저 저 불행한 사람들의 액운에 대한 그의 비애를 매우 강하게 표명할 것이고, 인생의 변화무쌍함과, 이렇게 일순간에 파멸되는 인류의 모든 노동의 창조물의 허망함에 대하여 많은 침통한 성찰을 할 것이다. 그리고 만약 그가 투기업자라면, 그는 이 재난이 유럽의 상업에 그리고 전 세계의 무역과 상업에 미칠지도 모를 효과들에 대한 많은 추측에 몰두할 것이다. 그리고 이러한 모든 문제들에 대한 그의 생각 정리가 끝났을 때, 이 문제에 대한 그의 인도적 감정들이 충분히 표명된 후에는, 그는 그런 사고가 전혀 일어나지 않았을 때와 똑같이 느긋하고 편안하게 자기의 사업 또는 쾌락을 추구할 것이고, 휴식과 기분전환을 취할 것이다. 그에게 일어날 수 있는 가장 소소한 재난이 그에게는 오히려 더욱 실질적인 혼란을 일으킬 것이다. 만약 그가 내일 자기 새끼손가락을 잘라버려야 한다면 오늘밤 그는 잠을 자지 못할 것이다. 그러나 1억이나 되는 이웃형제들의 파멸이 있더라도, 만약 그가 직접 그것을 보지 않는다면, 그는 깊은 안도감을 가지고 코를 골며 잘 것이다. 그에게 있어서는 이 거대한 대중의 파멸은 분명히 그 자신의 하찮은 비운보다 관심을 끌지 못하는 대상인 것으로 보인다. (『도덕감정론』, 251-252)

인류 동포 형제의 이 커다란 비운을 접하고서 (물론 잠시 동안의 애도를 거친 후) 그것이 자기의 사업에 미치는 영향을 계산하는 모습은 확실히 상업사회에서만 발생할 법한 일이다. 그러나 더 의미심장하고 중요한 논점은 그 다음 스미스가 제시하는 질문에서 드러난다: **만일 당신의 새끼손가락을 구할 수 있다면, 당신은 1억명의 생명을 기꺼이 희생시킬 수 있는가?** 이 글을 읽고 있는 독자 당신은 어떤가? 당신은 당신의 새끼손가락의 고통과 1억명의 목숨을 서로 교환할 용의가 있는가?

사실 이 사고실험의 내용은 철학자 흄의 아이디어에서 나온 것이다. 흄은 유사한 경우를 제시하고 손가락을 잃기보다 세상 전부가 파멸되기를 바라는 것이 전혀 이성에 반하는 일이 아니라고 주장하였다. 그러나 현실의 세상 사람들은 이러한 흄의 '이성적' 방식을 따르지 않는다. 대부분의 세상 사람들은 자기의 새끼손가락을 구하기 위해 무고한 인명을 희생시킬 수 있다는 야비한 수학을 가지고 있지 않다. 그렇다면 왜 당신을 포함한 대부분의 사람들은 그러한 결정을 거부하는가? 무엇이 자제심을 통해 당신의 자애심을 억누르고 끔찍한 선택으로부터 등을 돌리게 했는가? 동포에 대한 인간애 때문인가, 아니면 신이 인간 마음속 깊은 곳에 심어 둔 자혜심 때문인가?

애덤 스미스 『도덕감정론』 읽기

스미스가 보기에 이 문제에 관한 한 인간애는 너무 추상적이고 자혜심은 너무 멀리 떨어져 있다. 그에 따르면 이 경우 우리를 올바르게 인도하는 것은 다름 아닌 우리 가슴 속의 동거인이자 내부 인간, 다시 말해 우리 행위의 재판관이자 조정자인 공정한 관찰자이다. 공정한 관찰자의 견해를 경청함으로써 우리는 우리 이익의 사소함과 타인들 생명의 중대함 사이에 적정성 관념을 깨우치게 된다. 공정한 관찰자의 판결을 수용함으로써 우리는 잠재적으로 벌어질지도 모르는 추악한 행위에 치를 떨게 되고, 그 행위에 대한 타인의 혐오와 분개를 간접적으로 접하게 된다. 따라서 우리를 도덕의 길로 인도하는 것은 인류애나 자혜심이 아니라 '우리 자신의 성격의 숭고함'(『도덕감정론』, 254)이다.

> 많은 경우 우리로 하여금 그러한 신성한 미덕을 행하도록 촉구하는 것은 우리의 이웃에 대한 사랑도 아니고 인류에 대한 사랑도 아니다. 그러한 경우에 통상 생기는 것은 보다 강한 사랑, 보다 강력한 애착, 즉 명예스럽고 고귀한 것에 대한 우리의 사랑, 우리 자신의 성격의 숭고함, 존엄성, 탁월성에 대한 사랑인 것이다. (『도덕감정론』, 254)

요컨대 우리는 공정한 관찰자의 판단을 따름으로써, 그리하여 자신을 존엄하게 다루고 스스로를 탁월한 존재로 여김으로써 비로소 도덕적 존재가 되는 셈이다.

비록 그것이 상상에 의한 허구적 존재라고는 하지만 우리의 적정성 감각을 고양시키고 도덕적 판단을 고무하는데 공평한 관찰자의 역할은 결정적이다. 그러나 우리 가슴속 인간이 위축되고 움츠리는 경우 역시 존재한다. 격렬한 당파 싸움이 벌어지고 맹목적인 광신주의가 추구될 경우, 공정한 관찰자의 입에 재갈이 물려진다. 공평한 관찰자 스스로가 편파성이나 선입견에서 어느 정도 벗어난 존재라고 정의되지만, 그것이 작동하는 환경 자체가 극단적으로 편협하고 독단적인 분위기라면 우리 마음속 도덕의 불꽃은 수그러들기 쉬울 것이다. 도그마가 지배하는 곳에서 공정한 관찰자가 들어설 자리는 존재하지 않는다.

당파와 광신처럼 격렬하고 맹목적인 경우는 아니지만 각 사회의 관습과 습관 역시도 공정한 관찰자의 판결을 제한할 수 있다. 예를 들어 같은 사안을 두고서도 상이한 국적의 개인들은 각자 공정한 관찰자의 상이한 판결을 받아 볼 수 있다. 공정한 관찰자가 아무리 객관성의 화신이라고 할지라도 그것의 형성에는 개인이 속한 사회의 특유한 경험과 역사, 관습과 습관의 영향이 있었을 것이다. 이러한 국가별 사회별 차이는 도덕의 상대적 성격이 드러나는 계기이기도 하다. 만일 국제적 차원에서 보편적으로 통용되는 공정한 관찰자가 성립 가능하다면 모든 세계의 시민들이 동일하게 준수하여야 할 만민법(萬民法, law of nations) 역시 가능할 것이다(도메 다쿠오, 2010, 130-134). 그러나 인류 전체의 계몽된 각성이 없다면 이는 현실적으로 요원하다.

제7장

일반규칙:
사회라는 건축물의 장식과 기둥

앞서 논의를 요약해보자. 스미스에 따르면 인류라는 종(種)은 독특한 특성을 가지고 있다. 이 종의 성원들은 종의 다른 구성원들로부터 존경받기를 좋아하고 경멸받는 것을 혐오한다. 이러한 종의 사회적 속성이 종 전체를 규제하는 도덕 규범의 기반이 된다. 왜냐하면 타인의 시인을 불러 일으키도록 그리고 경멸을 불러 일으키지 않도록 도덕적으로 행동하는 것은 종의 성원들에게 기쁨과 즐거움이라는 정서적 보상을 제공하기 때문이다.

물론 이 과정이 항상 평탄한 것은 아니다. 예를 들어 행위자의 실제 행동과 관찰자의 상상 결과 사이에 괴리가 발생하여 공감을 방해할 수 있다. 이 경우 동감의 완성을 위해 관련 두 당사자 모두가 노력을 기울여야 한다. 행위자는 자신의 행동을 지나치게 내세우고 정당화하는 것을 '자제'하여야 하고, 관찰자는 행위자의 행동을 더 잘 이해하기 위해 '감수성'을 키워야 한다. 이러한 감정상의 튜닝 혹은 동감을 향한 캘리브레이션은[1] 인류 종의 도덕체

---

1   캘리브레이션(calibration)이란 측정 도구의 정확성을 확인하거나 조정하는 것을 말한다. 본문에서는 개인들이 동감의 기준을 서로 맞추어 적절성을

계 형성 과정에서 필수불가결한 과정이다.

무수히 다양한 상황들에 대한 시인과 부인의 경험들이 쌓이는 과정에서 이러한 조정과정 혹은 시행착오가 빈번하게 발생할 것이다. 우리는 판단이 필요한 순간마다 공정한 관찰자를 부르고 그의 판결과 조언을 경청할 수도 있지만, 모든 사안에 이러한 절차를 거친다는 것은 여간 번거로운 일이 아닐 수 없다. 사람들은 다양한 사례들로부터 전형적인 판단들을 수집하게 되고, 이를 통해 공정한 관찰자의 조언은 범주화될 수 있다. 따라서 동일 사안들의 경우 사전적으로 규정을 정하여 그 규정을 참고함으로써 번거로움을 피할 수 있게 된다. 일단 이러한 판단의 정형화가 완성되면 이제 사람들은 유사한 상황에 직면하게 되었을 때, 공정한 관찰자의 모든 재판 과정을 재현할 필요가 없게 된다. 사람들은 단지 범주화 및 정형화된 규정을 판단의 기준으로 적용하면 그만이다. 일종의 판단의 경제(the economies of judgements)가 발생한 셈이다. 스미스는 이러한 도덕적 판단의 정식화 결과를 일반준칙 혹은 **일반규칙(General Rules)**이라고 불렀다. 일반규칙은 습관과 관습을 통해 정착되고 사람들의 마음과 정신 속에 고정된다.

일단 일반규칙이 사회적으로 확립된 이후 사람들은 일반규칙을 어길 때마다 두려움을 느끼게 된다. 이는 우리가 비양심적인 일을 할 경우, 공정한 관찰자가 우리에게 경고하는 것과 사실상

확인한다는 의미로 사용되었다.

같은 원리이다. 이러한 일들을 통해 우리는 일반규칙을 존중하게 되는데 이것을 **의무감**이라고 한다. 일반규칙 위반에 대해 마음속 공정한 관찰자가 불쾌감을 느낄 때 우리는 동시에 공포심을 갖게 되며 이로써 의무감이 작동한다.

도덕의 정식화에 해당하는 일반규칙의 형성이 선험적이 아니라 경험적 과정에 기반하고 있다는 점은 스미스 스스로가 강조하는 바이기도 하다. 도덕은 신의 계시나 이성의 선험적 명령이 아니라 인간 경험의 산물이다.

> 이 일반준칙이 세워지는 궁극적인 기초는 우리의 도적적 관능에 관한 경험, 즉 특수한 경우에 우리의 자연적인 공로와 적정성에 대한 감각이 시인하거나 부인하거나 하는 것의 경험이다. 우리가 처음에 특정 행위를 시인 또는 비난하는 것은 자세히 검토해보았더니 그 행위가 유쾌하거나 또는 어떤 일반준칙과 불일치해서가 아니다. 일반준칙은 이와는 반대로 어떤 종류의 모든 행동들은 또는 어떤 방식으로 진행되는 모든 행동들은, 시인되거나 부인되거나 한다는 사실을 경험을 통해 발견함으로써 형성되는 것이다.
>
> (『도덕감정론』, 205)

경험에 대한 강조는 스코틀랜드 계몽주의의 독특한 성격을 드러낸다. 흄이나 스미스는 루소나 칸트와는 달리 이성에 기초한 사회계약 대신 오랜 시간에 걸쳐 경험과 관습에 의해 구축된 사회제도를 더 중시 여겼다. 이러한 태도로 인해 그들은 이성의 힘에 의해 사회를 단시간 내 개조할 수 있다는 사고 방식에 늘 회의적이었다. 그들은 대륙 계몽주의 속에 내재한 완전한 사회(Perfect Society)를 향한 과신을 경계하였던 것이다. 이러한 그들의 입장은 일반규칙이 형성되는 과정을 설명하는 데에도 그대로 반영되었다.

공정한 관찰자가 도덕 체계를 객관화시킨다면 일반규칙은 그것을 안정화시킨다. 지속적 승인과 거부의 결과들이 수렴, 집계, 누적되어 일반규칙이 수립된 이후부터 이제 도덕체계는 더욱 공고해진다. 안정화는 다시 객관화로 이어진다. 도덕규칙으로 인해 이제 더 이상 도덕적 판단에 타인의 주관적 감정기복이 들어갈 여지가 없게 되고 따라서 상업사회 모든 구성원들은 하나의 일치된 질서 아래 놓이게 된다. 이 덕택에 개인들은 상대방이 어떻게 행동하고 판단하게 될지를 손쉽게 예측할 수 있게 된다. 이로써 경제적 거래를 포함한 사회적 교류가 더 폭넓게 확산된다.

일반규칙이 제공하는 규범의 객관성과 안정성은 상업사회의 또 다른 차원인 경제적 거래와 유사한 측면을 갖는다. 예를 들어 시장이 경쟁적이라서 어느 개인도 재화의 가격을 마음대로 결정할 수 없다고 가정해보자. (이를 오늘날 경제학 교과서에서는 가격 수용자 price taker 상황이라고 부른다) 그 어느 생산자도 자신의 기술수준과 경영조건을 기준으로(즉 자신의 생산비용조건을 근거로) 상품가격을 책정할 수 없다. 마찬가지로 도덕의 세계에서 그 누구도 자신의 편향적인 견해를 도덕적 판단의 기준으로 내세울 수 없다. 대신 경쟁가격이 모든 시장 참가자에게 부과되듯이, 일반규칙이 모든 행위자에게 판단기준으로 강제될 것이다. 그곳이 시장이라면 상품 거래(교환)를 통해서, 그곳이 도덕 세계라면 감정 교환(공감)을 통해서 **자생적 혹은 자발적 질서**(spontaneous order)가 등장한다. 이러한 질서는 시장에서 독점기업이 등장할 경우 기대할 수 없듯이, 도덕 세계에서 독재자가 등장할 경우 발생할 수 없다.

일반규칙이 다루는 도덕적 요소들에는 몇 가지 구분 가능한 미덕들이 있다. **자혜**(benevolence), **신중**(prudence), **절제**(self-command), **정의**(justice), 이 네 가지는 인간 도덕성의 가장 대표적인 요소들이다. 그런데 스미스에 따르면 이들 요소들 사이에 어떤 위계 혹은 우선 순위가 존재한다. 4가지 요소 가운데 정의는 필수적이고 반드시 충족되어야 할 미덕인데 반해 자혜, 신중, 절제는 부차적이고 선택적인 미덕들이다. 이러한 우선 관계는 규칙이 표현되는 형태에도 반영된다. 정의와 관련한 규칙들은 언제나 부정적 형태로 표현되는데 반해 ("살인이나 도둑질하지 말라") 나머지 규칙들은 언제나 긍정적 형태로 표현된다. ("가난한 이들에게 자선을 베풀어라")

예를 들어 우리는 어린 아이들을 폭행하거나 가혹 행위를 하는 사람들에 대해 엄중한 처벌을 요구한다. 어린이에 대한 가혹 행위는 우리의 정의 감각을 순식간에 일깨운다. 반면 우리는 걸인들과 노숙자들의 구걸을 외면하는 사람들에 대해 크게 비난하지 않는다. 다시 말해 우리는 어린이 학대자에 대해서는 분노를 느끼지만, 무심한 행인에 대해서는 크게 개의치 않는다. 두 경우 모두 일반규칙을 위반하기는 매한가지이지만 우리는 각각의 경우에 대해 상이한 태도를 취한다. 이러한 상이한 태도는 일반규칙의 우선 순위와 연관되어 있다. 어린이 폭행은 정의의 규칙을 위반한 것임에 반해 자선 거부는 자혜의 규칙을 위반한 것이다. **정의의 규칙은 사회라는 건축물의 기둥에 해당**하는 반면, 자혜와 신뢰의 규칙은 그 건축물의 장식에 해당한다. 건물은 장식이 없더라도 별 문제가 없지만, 기둥이 무너진다면 건물 전체가 온전하지 못할 것이다.[2] 따라서 사회가 붕괴하지 않기 위해서는 반드시 정의의 규칙들이 준수되어야 한다. 스미스에 따르면 정의는 마치 언어의 엄격한 문법 규칙과도 같다.

> 정의의 준칙은 문법의 규칙에 비교될 수 있고, 기타 미덕들의 준칙들은 비평가들이 고상하고 격조 높은 문장을 쓰기 위해 갖춰야 한다고 정해 놓은 준칙들에 비교될 수 있다. 전자는 정밀하고 정확하며 없어서는 안 되는 것이다. 그

---

2 물론 자혜와 정의가 동시에 주어진다면 금상첨화가 될 것이다. 예를 들어 C. L. S. 몽테스키외(2022)에 등장하는 트로글로다이트인 에피소드가 그러하다. 이들 종족의 일 분파는 다른 분파들과 달리 자혜와 정의에 기반하여 사회를 조직하였고 그 덕택으로 번영과 행복을 향유하였다. 그러나 이 경우에도 역시 우선권은 자혜가 아니라 정의에 있다. 정의에 기반하지 않고서는 자혜 그 자체가 유지될 수 없기 때문이다.

러나 후자는 느슨하고, 모호하며, 명확하지 못하며 그리고
우리가 지향해야 할 완미함에 대한 전체적 관념을 제시해
주는 것이지 우리에게 그것에 도달하기 위한 어떤 확실한,
절대적으로 확실한 어떤 지침들을 제공하는 것은 아니다.

(『도덕감정론』, 328)

정의와는 달리 자혜, 신중, 절제는 고상하고 격조 높은 문장을
위한 화려한 수식어구에 해당한다. 수식어구들이 없다고 해서 혹
은 문장이 무미건조하다고 해서 뜻이 전달되지 않는 경우가 없는
것처럼 자혜, 신중, 절제가 없다면 물론 아쉬운 점이 없지 않겠지
만 그렇다고 사회가 붕괴되지는 않을 것이다.[3]

---

3 도덕의 영역과 법률의 영역을 구분하려는 시도는 18세기 당시 계몽적 자
   유주의의 공통적 특징이라고 할 수 있다. 스미스가 포함된 스코틀랜드
   계몽주의와 다소 다른 결을 갖는 유럽 대륙의 계몽주의 역시 이러한 특
   징을 공유하기 때문이다. "자유주의자로서 칸트는 법을 도덕화하려는 모
   든 시도에 반대하였다. 개인적 도덕성과 관련된 의무들, 즉 우리가 우리
   자신에 대해서 그리고 다른 사람들에 대해서 갖는 의무들이 반드시 법적
   인 요구 사항인 것은 아니다… 우리는 인도적인 성향이 부족한 것에 대
   해서는 처벌받을 수 없지만 비인간적 행위에 대해서는 처벌받을 수 있
   다. 어떤 행동이 비도덕적이라고 할지라도 그것이 반드시 형사소추의 대
   상이 되는 것은 아니다. 어떤 일이 비도덕적이라는 것의 의미가 그것이
   사법적 의미에서 불법으로 규정되어야 한다는 것을 뜻하지는 않는다…
   국가의 법전은 우리가 도덕법칙에 대한 존중을 바탕으로 행위할 것을 요
   구하지 않는다. 따라서 칸트는 도덕성과 법을 구분했다. 그는 도덕성을
   법률화하지도 않았고 법을 도덕화하지도 않았다. 이 점은 근대의 모든

자혜/선행과 정의 사이의 구분은 기독교 전통과도 관련되는 것으로 보인다.

> 선행은 정의의 고유한 영역 바깥에 있다는 개념에 따라 자선은 그리스도의 특별한 영역을 규정한 덕목인 반면, 정의는 카이사르(혹은 모세)의 세계를 규정한다. (Samuel Fleischacker, 2005, 21)

타인에게 선행과 자비를 베풀어야 한다는 것은 신의 가르침이지만, 해악을 가하거나 재산상의 손실을 입히지 말아야 한다는 것은 카이사르의 법률이다. 하늘의 왕국에 들어가기 위해서는 선행과 자비, 자혜 등과 같은 덕목들이 요구되지만 지상의 왕국이 지탱되기 위해서는 정의의 법률이 필요하다: 따라서 "황제의 것은 황제에게 돌려주고, 하느님의 것은 하느님께 돌려 드려"야(마르코 복음서, 12장 17절) 한다.

만일 자혜나 신중을 정의의 경우처럼 사람들에게 강제한다면 무슨 일이 벌어질까? 이 경우 도덕의 성질은 교회의 결의법과 유사해진다. 교회는 일반적 추상적 도덕 원칙이 분명하다 하여도 구체적인 상황에 그것을 적용할 경우 많은 어려움이 있다는 것을 알고 신자들의 도덕 생활을 위해 세세한 규정들을 추가하게 되었

자유주의 사회에 특징적인 태도이다." (G. 시르베크, N. 길리에, 2017, 632)

는데 이것을 결의법(決疑法 casuistry)이라고 한다. 그런데 만일 자혜를 결의법식으로 정해둔다면 당장 곤란한 일들이 벌어질 것이다. 예를 들어 이웃에 대해 어디까지 선행을 베푸는 것이 자혜일까? 매일 불우한 이웃을 찾아가 그들을 돌보는 것은 매우 분명하고 확실한 자혜라고 여겨지지만, 그냥 단순히 행인에게 길을 알려주는 것도 자혜로운 행위인가? 어디까지가 자혜의 경계인가? 결국 긍정적 미덕에 대해 상세한 규정과 규칙을 정해둘수록 이러한 지침들의 자의성과 불합리성이 더욱 두드러질 것이다. 반면 살인이나 범죄의 경우 사회는 아주 상세한 처벌 규정을 마련해 두는데 이는 충분히 유용하고 타당하다.

법체계는 일반규칙, 특히 그 가운데에서도 정의의 규칙들이 성문화되면서 구축된다. 사회질서는 이렇게 구축된 법률을 준수함으로써 체계적으로 확립된다. 이로써 상업사회의 질서 규칙은 완성된다. 여기서 지금까지의 우리의 여행을 거슬러 올라가 보자. 사회 질서는 법률을 준수함으로써 가능하고, 법률은 정의라는 일반규칙에서 나왔으며, 일반규칙은 공정한 관찰자에서 출현하였고, 공정한 관찰자는 다시 공감에서 나왔다. 스미스 체계의 이러한 구조는 한 가지 흥미로운 점을 일깨워 준다. 사회의 질서란 일종의 **로고스**(logos)에 해당한다. 로고스란 사물을 고유하고 일정하게 유지하는 원리를 말하는데 사회는 질서라는 원리를 통해서만 로고스 상태를 지속할 수 있다. 그런데 이 로고스, 즉 사회 질서는 방금 살펴보았듯이 그 기원이 다름 아니라 공감이라는 **에토스**

(ethos)였다. 에토스란 인간의 고유한 습관으로, 스미스에게 공감은 인간의 가장 중요한 습관이었다. 개인은 에토스, 즉 공감을 통해 칭찬과 노여움, 찬탄과 분노라는 **파토스(pathos)**를 갖게 되고 이러한 과정의 최종 결과로 사회질서라는 로고스가 창발된다.[4] 결국 **개인의 마음이 사회의 구조를 결정한다.** 이 얼마나 대담한 이론적 구도인가!

우리는 앞서 3장에서 자유로운 시민들의 연합이라는 F. 쉴러의 개념을 이야기한 바 있다. 그에 따르면 이 연합사회에서 개인들은 자유롭지만 그렇다고 사회가 무질서해지는 것은 아니다. 개인의 선택과 사회의 질서정연함은 양립할 수 있다. 스미스에게 상업사회가 자유로운 시민들의 연합으로 간주될 수 있다면 그 근거는 공정한 관찰자와 그것이 코드화된 일반규칙이다. 개인은 언제나 내부 관찰자의 권고와 사회 일반규칙의 규정에 비추어 결정을 내린다. 이 결정은 외부의 강제에 의한 것이 아니고 스스로 내린 것이므로 개인은 자유를 향유한 셈이다. 동시에 그 결정은 정의라

---

4   스미스의 『도덕감정론』의 체계를 파토스와 로고스의 관계로 해석한 것은 다카시마 젠야(2020)를 따랐다. 원래 에토스(ethos), 파토스(pathos) 그리고 로고스(logos)는 아리스토텔레스가 『수사학』에서 제시한 설득의 세 가지 방식들이다. 그에 따르면 웅변으로 청중을 사로잡기 위해 화자의 인품(에토스), 청중의 감성(파토스), 주장의 논거(로고스)가 요구된다. 스미스의 논의 구조에서는 파토스(타인의 정념)가 에토스(나의 공감)를 통해 로고스(사회질서)를 창출한다.

는 일반규칙의 필터를 통과한 것이므로 사회는 여전히 질서를 유지할 수 있다. 개인은 자유로운 동시에 사회를 매개로 타인과 연합하게 된다.

스미스의 아이디어를 한마디로 요약하자면 인간은 서로 감정을 동조/공명시킴으로써(공감) 인간과 인간이 서로 공존하는 사회를 구성하게 된다(질서)는 것이다. 개인은 생생한 상상력을 동원하여 타인의 즐거움과 고통을 공유하는데 바로 이러한 '감정의 연회'를 통해 고립된 개인은 서로 연결되고, 공통의 판단 척도가 마련되어 사회가 형성된다. 따라서 스미스에게는 인간학/인문학이 곧 사회과학인 셈이다. 이로써 우리는 앞서 제기한 18세기의 문제에 대한 해답을 처음으로 얻게 된다. 어떻게 새로 등장한 상업 사회는 개인의 분권적 결정과 그것들의 충돌에도 불구하고 스스로 무너지지 않고 질서를 유지하는가? 어떻게 개인의 자유와 사회의 질서가 양립가능한가? 그 답은 다름 아니라 **공감과 공정한 관찰자 그리고 정의의 규칙들**이다. 이제 스미스의 『도덕감정론』은 단순히 개인의 도덕이나 처세의 문제를 다루는 저서가 아니라 근대 서구 문명의 새로운 형태를 해석하고 정당화하는 과업이었음이 드러나게 된다.

허영과 자기기만:
인류의 치명적 약점

상업사회에서 사람들은 언제나 인정과 칭찬에 목말라 있다. 그런데 우리는 (1)칭찬 그 자체를 선호하는 것과 (2)칭찬받을 만한 존재가 되기를 선호하는 것을 구분해야 한다. 칭찬 그 자체를 선호하는 사람들은 주변 타인의 인정을 갈망하는 데 반해, 칭찬받을 만한 인간이 되기를 원하는 사람은 공정한 관찰자의 인정을 추구한다. 스미스는 이러한 인간의 두 가지 성향을 기준으로 상업사회의 전형적인 인간형을 정의하였다. 그는 전자를 **연약한 사람**(Weak man), 후자를 **현명한 사람**(Wise man)이라고 불렀다. 모든 사람이 항상 그런 것은 아니지만 현실의 개인들은 대체로 연약한 사람들이다. 현실에서 쉽게 관찰할 수 있듯이 연약함은 인간 실존의 보편적 상황이다.

인간의 연약함은 20세기 영국의 경제학자였던 케인스(John Maynard Keynes)가 보고한 흥미로운 사례를 통해서도 확인된다. 그는 한 개인의 투자가 어떻게 타인들의 견해에 의존하는지를 보여주었는데 이는 마치 미인선발대회의 원리와 유사하다.

전문적인 투자는 100장의 얼굴 사진을 제시하고 시합

의 참여자들에게 얼굴이 예쁜 순서로 6장씩을 골라내게 한 다음에 참여자들 전체의 평균적인 선호에 가장 가깝게 부합하는 선택을 한 참여자에게 상금을 주는 시합과 같다고 할 수 있다. 이런 시합에서는 참여자가 자기가 볼 때 가장 예쁜 얼굴을 골라내기보다 자기가 생각하기에 다른 참여자들의 마음에 들 가능성이 가장 높은 얼굴을 골라내야 한다.

(J. M. 케인스, 2010, 192)

이 게임에서 가장 중요한 것은 나 자신의 생각이 아니라 타인들의 견해이다. 나의 행동은 타인의 견해나 여론에 의해 강하게 영향을 받는다. 그런데 이러한 무리 추종 행동(heard behavior)은 주식투자나 미인선발대회에서만 보이는 것이 아니라 우리 삶의 모든 영역에서 발견된다. 나는 나 자신, 즉 공평한 관찰자의 견해를 뒤로하고 내 주변의 사람들의 견해를 우선시한다. 이는 확실히 도덕적으로 잘못된 선택인데, 왜냐하면 앞서 보았듯이 공정한 관찰자의 견해가 타인의 견해보다 더 높은 상급심이기 때문이다. 사람들은 당장 눈앞의 칭찬과 비난에 무력하게 휘둘려 자기 가슴속 내부의 목소리를 외면한다. 이들이 연약한 이유는 여기에 있다. 그들은 참되고 올바른 견해를 경청할 용기를 가지고 있지 못하다.

인간의 가장 근본적인 욕구는 크게 두 가지로 대별될 수 있다. 하나는 생물적인 욕구이고, 다른 하나는 사회적인 욕구이다. 인간도 생명체인 이상 생존과 재생산이라는 근원적 욕구를 외면할 수 없다. 그러나 동시에 인간은 사회적인 존재이고 끊임없이 주변의 타인들과의 상호작용에 몰두한다. 그들이 생계와 관련된 재화를 소비하는 것은 생존을 위해 필수적이다. 그러나 만일 그들이 사치재를 소비한다면 사정이 달라진다. 그것은 우선 타인에게 자신의 부를 과시하기 위해서이고 다음으로 이를 통해 자신의 허영심을 채우기 위해서이다. 나는 타인들의 관심이 내게 집중되기를 갈망하는데 이러한 관심 갈망의 기원은 승인과 시인, 칭찬과 숭배의 욕구이다. 그리고 이러한 욕구의 기저에는 공감이 있다. 인간은 공감을 통해서 타인과 교류하는데 이러한 과시와 허영 역시 비록 전도된 형태이기는 하지만 공감의 한 유형임에는 분명하다.

대부분의 사람들이 부와 권세를 얻기 위해 험난한 경쟁에 참가하는 이유 역시 이러한 욕구에 의해 설명될 수 있다. 부와 권세는 개인에게 일차적으로 안락함과 편안함을 선사하지만 상업사회에서는 이것을 넘어서 더 중요한 목적이 있다. 다름 아닌 타인의 호감과 관심을 얻는 것이다. 안락함이나 즐거움은 이에 비하면 오히려 부차적이다. 사람들은 항상 탁월함에 대해 존경을 보이는데 이 탁월함의 지표가 부와 권세이다. 따라서 타인의 존경을 얻기 위해 사람들은 부와 권세 경쟁에 나선다. 사람들은 이제 **허영**(vanity)이라는 환상에 빠지게 된다: 더 많은 부를 축적할수록, 더 높은 지위를 획득할수록 사람들은 자신을 우러러 볼 것이며 따라서 더 행복해질 것이다.

소위 자신의 지위의 개선이라고 하는 인생의 거대한 목적을 추구하는 것은 어떤 이익이 있어서인가? 남들로부터 관찰되고 주의와 주목을 받는다는 것 그리고 그들로부터 동감과 호의와 시인을 받는다는 것이 바로 그것으로부터 얻을 수 있는 이익이다. 우리의 관심을 끄는 것은 안락이나 즐거움이 아니라 허영이다. (『도덕감정론』, 92)

스미스 이후에도 이러한 인류 종의 독특한 동기와 행위 원리에 대해 관심을 기울인 사상가들이 있었는데 20세기 초반 미국에서 활동하였던 제도주의 경제학자 베블런(Thorstein Bunde Veblen) 역시도 그들 중 한 명이다. 그는 인간의 과시욕을 중요한 경제현상으로 이해하였고 이를 분석하였다. 그에 의하면

남들의 존경을 얻고 또 유지하기 위해서는 부나 권력을 소유한 것만으로는 충분하지 않았다. 사람들의 존경은 구체적 증거가 있어야만 나오는 것이기에, 그 부와 권력을 증거로 보여주어야 했다… 자기 보존의 본능을 제외한다면, 경쟁 심리는 경제적 동기들 중에서 가장 강력하고 또 기민하게 활동하는 동기이다. 산업 사회에서 경쟁 심리는 금전적 경쟁으로 그 자신을 표현한다. 이것은 오늘날의 서구문명 사회들 관점에서 본다면 경쟁 심리가 과시적 낭비의 형태로 그 자신을 표현한다고 말하는 것과 같다. (T. 베블런,

2018, 20, 53)

과시적 소비는 과시적 낭비와 동시에 이루어질 때가 있
다. 예를 들어 부자들의 저택은 "보통 사람들의 주택보다
건축 양식과 장식이 더 화려하고 과시적 낭비가 많다." 부
자들은 항상 비싸고 화려하고, 대체로 쓸모없는 ─무엇보다
도 비싼─ 잡동사니들을 눈에 띄게 보여줄 필요가 있다. 부
자들에게는 어떤 물건이 쓸모가 없으면서도 값이 비쌀수록
과시적 소비의 품목으로서 더욱 소중한 물건이 된다. 쓸모
가 있으면서 보통 사람도 손에 넣을 수 있는 것이라면 저속
하고 천박한 물건으로 여겨진다. (T. 베블런: E. K. 헌트, M. 라우
첸하이저, 2015, 687, 재인용)

사람들은 남으로부터 주목받고 부러움의 대상이 되며 인정받
고 칭찬받기를 열망한다. 이러한 욕망은 생존 욕망과는 확연히 구
분된다. 후자의 욕망을 채우는 데는 제한된 재화만으로도 충분하
다. 우리의 위(胃)의 크기는 한정되어 있고 그 속에 집어 넣을 음
식의 양 또한 제한되기 때문이다. 감각적인 욕망을 과도하게 추구
하고 탐닉할수록 오히려 우리는 육체적인 고통을 느낀다. 음식을
더 많이 소비할 경우 어떤 한계점을 지나면 구토가 일어나고 신
체로부터 저항감이 발생한다. 그러나 사회적 욕망은 생존 욕망과
는 달리 아무리 탐닉해도 구토나 저항감이 발생하지 않는다. 부러

움, 인정, 칭찬에 대한 우리의 욕구에는 한계가 없다. 이러한 사회적 욕망을 충족시키기 위한 소비를 특별히 베블런은 **과시적 소비**라고 불렀다. 미국의 부호들이 500달러 지폐로 담배를 말아 피우는 것이라던가, 별로 사용하지 않으면서도 호화로운 별장이나 값비싼 승용차를 구입하는 것은 나름의 이유가 있다. 세계의 부호들이 지중해에 호화로운 요트를 띄우고 선남선녀를 초청하여 산해진미를 베푸는 것도 다 같은 이유이다.[1]

물론 많은 사람들이 허황된 꿈을 꾸고 과시를 위해 몰두하지만 이 사회 안에는 그렇지 않은 사람들도 존재한다. 스미스가 꼽고 있는 대표적 경우가 다름 아닌 수학자를 포함한 과학자 집단 그리고 철학자들이다. 이들은 인류 가운데 가식 및 허영 그리고 이를 위한 무의미한 경쟁과 가장 거리가 사람들이다. 왜냐하면

---

1   과시적 소비가 부자에게만 해당된다고 보는 것은 잘못된 생각이다. 베블런에 따르면 극빈층을 포함하여 사회 모든 계층이 과시적 소비에 사로잡힌다. "이렇게 하여 사회의 모든 계층(심지어 극빈층을 포함하여)이 통상적인 과시적 소비를 생략하지 못한다. 아주 지독한 궁핍함이 압박해 오지 않는 한, 이런 부류의 소비 제품은 결코 포기되지 않는다. 아주 지독한 지저분함과 불편함을 겪기 전에는 마지막 장신구 혹은 금전적 품위를 지켜주는 마지막 허세를 포기하지 않는다. 그 어떤 계층이나 나라가 되었든, 물질적 결핍의 압박은 정신적 필요보다 더 강한 것이 아니며, 수준 높은 정신적 필요의 충족을 위해 최대한 마지막까지 물질적 결핍을 견디려고 하는 것이다." (T. 베블런, 2018, 42)

애덤 스미스 『도덕감정론』 읽기

수학자들은 자신들이 발견한 것의 진실성과 중요성에 대하여 가장 완전한 확신을 가지고 있기 때문에 그들은 흔히 자신들이 대중으로부터 받게 될 대우에 대하여 매우 무관심하다… 수학자들과 자연철학자들은 세상 여론에 의해 지배되지 않기 때문에 그들 자신의 명성을 유지하거나 혹은 경쟁자들이 명성을 떨어뜨리기 위해 자신들끼리 분파나 파벌을 형성할 유혹을 거의 갖지 않는다. (『도덕감정론』, 235-236)[2]

진정으로 총명한 사람에게는 총명한 한 사람의 사려깊고 신중한 시인이 수천명의 무지한 열광자들의 요란한 갈채보다 더욱 충심으로부터 우러나오는 만족감을 준다… 파르메니데스가 아테네의 군중 집회에서 한 편의 철학 논문을 읽을 때, 플라톤을 제외한 모든 사람들이 그에게서 떠나

---

2 2002년 11월 러시아의 수학자 그리고리 페렐만은 인터넷 저널 arXiv에 한 편의 논문을 발표한 바 있다. 그는 이 논문에서 100년 동안 수학의 난제였던 푸앵카레 추측(Poincaré conjecture)을 증명하였다. 이러한 눈부신 업적에 칭찬이 쇄도하였고, 그에게 많은 보상과 상훈 그리고 영예로운 지위가 수여되었다. 그러나 놀랍게도 그는 이 모든 것들을 거부하였는데 이러한 그의 초연한 태도는 수학자, 자연과학자에 대한 스미스의 평가를 확인해준다. 수학사에서 이러한 사례는 예외라고 할 수 없다. 수학자 오일러를 싫어하였던 프로이센의 프리드리히 대왕은 그를 해임하고 라이벌이었던 달랑베르를 채용하고자 하였다. 이를 위해 대왕은 달랑베르에게 오일러의 오류를 찾아내라는 명령을 내렸으나 달랑베르는 이를 거절하였다.

가는 것을 보면서도 그는 그것을 계속해서 읽어 내려갔다. 그러면서 말하기를 플라톤 혼자만 들어줘도 자기는 충분히 만족한다고 했다. (『도덕감정론』, 481)

수학자와 자연철학자, 파르메니데스와 플라톤은 모두 타인의 견해에 현혹되기보다 자기 안의 공평한 관찰자의 의견에 귀 기울이는 사람들이다. 이들은 현명한 사람들이다. 그러나 이들의 수는 미미하며 많은 사람들이 연약한 사람들의 범주에 속한다. 그리고 연약한 사람들은 덕의 길이 아니라 재산의 길을 걷는다.

스미스에 따르면 허영이란 결국 공정한 관찰자가 제공하는 인정보다 더 높은 수준의 인정을 세상 사람들에게 요구하는 것이다. 우리는 상급심이 더 중요하다는 것을 늘 알고 있음에도 불구하고 자주 공정한 관찰자의 조언을 거부하고 하급심(세간의 평가와 여론)에 더 관심을 갖는다. 두 재판관의 판결이 일치한다면 이보다 더 좋은 것은 없겠지만 이 둘이 서로 어긋날 때 문제가 불거진다. 사람들은 상급 재판소의 판결이 더 중요하고 결정적이라는 것을 알고 있지만 그럼에도 통상 남이 자신을 어떻게 바라보는지를 더 중시 여긴다. 타인으로부터 받는 인정은 삶의 가장 큰 즐거움 가운데 하나임을 우리는 이미 알고 있다. 어디를 가든 남이 나를 알아봐 주고, 나의 행동을 격려하고 칭찬하며, 남의 시선을 한 몸에

반는다는 것은 신나는 일임에 틀림없다.[3]

이제 허영으로 인해 개인은 자신에게 참된 가치를 지니는 것 대신 남의 눈에 가치가 있다고 보이는 대상을 얻기 위해 노고를 마다하지 않게 된다. 모든 사람들이 자신의 허영이 채워지길 바라지만, 이 세상의 부와 지위는 한정되어 있으므로 사람들은 그것을 획득하기 위한 **야심**(ambition)을 불태우게 된다. 이 야심과 야심이 맞붙어서 인간사의 **경쟁**(competition)이 시작된다. 이 과정에서 사람들은 부와 권세를 얻어 타인의 부러움과 존경을 얻는 것이야말로 참된 행복이라고 스스로를 속인다. 자신이 스스로를 속이므로 이는 **자기기만**(self-deception)이다. 이는 자애(self-love)로 인해 발생하는 일종의 망상이다.

미국의 천재 물리학자 R. 파인만은 언젠가 "자기 자신이야말로 가장 속이기 쉬운 사람"이라고 말한 적이 있다. 남을 속이기 위해서는 언제나 큰 노력이 필요하지만 자신을 속이기 위해서는 그다지 큰 노력이 필요하지 않다. 왜냐하면 자신은 허영심에 들떠

---

3   스미스는 상업사회의 가장 큰 병폐 가운데 하나로 분업에 따른 노동자의 백치화를 꼽았다. (분업 현상에 관해서는 이 책 3장을 참고할 것. 분업으로 인한 백치화에 대해서는 11장을 참고할 것.) 스미스가 생각하는 또 다른 상업사회의 병폐는 지금 본문에서 언급되고 있는 허영이다. 흥미로운 사실은 스미스가 상업사회의 이 두 가지 병폐에 대한 공통의 해결책으로 공교육을 제시하였다는 점이다. 특히 허영과 관련해서는 다음 구절을 참고할 것. "교육의 위대한 비밀은 허영심을 적절한 대상으로 향하도록 하는 것이다." (『도덕감정론』, 492)

언제든 스스로 속아 넘어갈 준비가 되어있기 때문이다. 이러한 자기기만의 한 양상이 확증편향(confirmation bias)인데 이에 따르면 사람들은 언제나 자기가 보기를 원하는 것만 선택적으로 보려는 경향이 있다. 어떤 개인이 허영으로 행복에 이를 수 있다고 믿는다면 그는 이 점을 지지하는 현상이나 사건들만을 행복의 증거로 수집할 것이므로 자기암시 혹은 자기기만은 더욱 강화된다.[4]

이러한 논의로부터 스미스는 한 가지 주목할 만한 결론에 도달한다: 허영과 그것을 채우기 위한 야심, 자기기만 그리고 그로 인해 촉발되는 경쟁이 인간 세상을 혼란에 빠트리는 주된 요인이다. 왜냐하면 허영과 자기기만이 사태를 올바르게 관찰하는 것을 방해하고 상황을 왜곡하기 때문이다. 이러한 방해와 왜곡은 잘못된 시도를 이끌고, 잘못된 시도로 사회는 혼란해진다.

인간생활의 혼란들 중 그 절반은 인류의 치명적 약점인 이 자기기만에서 생긴다. 우리가 우리 자신을 다른 사람들이 우리를 보는 그러한 시각에서 본다면, 또는 그들이 우리의 모든 것을 알 때 우리를 보게 될 그러한 시각에서 보게 된다면, 통상의 경우 생각과 행동의 개변은 불가피할 것이다. 그렇지 않고서는 우리의 목전에 나타나는 광경을 차마 볼 수 없을 것이다. (『도덕감정론』, 293)

---

4   파인만 인용과 확증편향 아이디어는 R. 로버츠(2015, 94)를 따랐다.

특히 올바른 현실 인식에 대한 실패는 서로 대적하는 두 상황의 격차에 대한 과도한 평가라는 형태로 드러난다.

인간생활의 불행과 혼란의 최대 원천은 하나의 영속적 상황과 다른 영속적 상황과의 차이를 과대평가하는 것으로부터 생기는 것으로 보인다. 탐욕은 가난과 부유함 사이의 차이를 과대평가하고, 야심은 개인적 지위와 공적 지위의 차이를 과대평가하고, 허영은 무명의 상태와 유명의 상태의 차이를 과대평가한다. 이러한 종류의 사치스러운 격정의 영향하에 있는 사람은 그 자신이 처해있는 실제 환경에서 불행하고 고통스러울 뿐 아니라 흔히 그가 어리석게도 감탄하는 처지에 도달하기 위해서 사회의 안정을 교란시키는 경향이 있다. (『도덕감정론』, 275)

사회의 교란과 혼란이라는 커다란 비용을 치르고 얻게 된 부와 권세는 인간을 행복하게 만들었을까? 결코 그렇지 않다. 이 경쟁의 끝은 항상 허망하다. 이 점을 일깨우기 위해 스미스는 『도덕감정론』 전체를 통틀어서 가장 유명한 에피소드 가운데 하나인 **「가난한 자의 아들」** 이야기를 꺼내 든다. (이 에피소드는 『도덕감정론』 독자들이 가장 좋아하는 이야기이기도 하다)

어느 가난한 가정에서 태어난 청년이 있다. 그는 이 가난이 지긋지긋하고 이웃으로부터 받는 모멸과 멸시도 참기 어렵다. 그래서 그는 이웃 집 부자처럼 큰 부를 갖겠다는 야심을 품고, 온갖 고통을 감내하고 노고를 기울여 재산을 모으기 시작한다. 그는 자신의 야심을 실현하기 위해 잠도 줄이고 식사도 변변치 않은 것으로 대신하고 오직 일에만 몰두하였다. 수십 년의 시간이 흘러 이 청년은 노인이 되었고 드디어 그가 꿈에서도 그리던 큰 부를 거머쥐게 된다. 그런데 어느 날 노인은 자신이 지나온 날을 회상하게 된다. 그리고는 갑자기 큰 절망과 후회를 경험하게 된다. 부와 재산은 얻게 되었지만 이 과정에서 그는 재산보다 더 중요한 청춘, 사랑, 건강, 행복이 희생되었음을 깨달았기 때문이다.

　　그러나 질병으로 무기력해지고 노령으로 피로해졌을 때, 헛되고 그 공허한 권세의 탁월함이 주는 쾌감들은 사라진다. 이러한 상황에서는 그러한 쾌감들은 이전에는 그 마음을 사로잡았던 사람에게조차도 더 이상 고생스러운 노력을 계속해서 할 정도로 마음을 끌지 못한다. 마음 속으로 그는 젊은 시절의 야심을 저주하고, 젊은 시절에 동경했던 안일과 게으름을 향유하지 못한 것에 후회하고, 이제는 영원히 사라져버린 즐거운 순간들을 아쉬워하고, 손에 넣었을 때에는 어떤 진실한 만족도 제공하지 못하는 것들을 얻으려고 그가 어리석게도 희생해버린 것들을 부질없이 아쉬워한다. (『도덕감정론』, 327-328)

우리의 주인공은 자기기만에 빠져 허영에 휘둘리고 야심에 눈이 멀었던 셈이다. 이러한 때늦은 후회의 스토리가 주는 교훈은 명백하다. 성서 복음 구절 "헛되고 헛되니, 모든 것이 헛되다"(Vanity of vanities, all is vanity, 전도서 12장 8절)는 다름 아닌 이 에피소드의 결론이다. 허영 그 자체가 헛된 것(vanity is vanities)이라는 뜻이다. 우리는 재산보다 더 중요한 무엇인가를 삶의 목표로 삼아야 한다. 마음의 평정은 재산보다 더 소중하다. 허영은 마음의 평안을 대신할 수 없다.

소비 탐닉, 과시, 허례, 인정 욕구는 결코 참된 행복의 원천이 아니다. 그것은 추구할수록 더욱 만족될 수 없는 욕망들이다. 그것은 마치 바닷물과도 같아 마시면 마실수록 갈증은 심해진다. 돌이켜보면 부와 지위를 향한 추구에서 회한만이 남게 되는데, 왜냐하면 무의미한 노고와 분투를 위해 자신의 가장 소중한 젊음을 낭비하였기 때문이다. 사람들은 단지 일시적인 만족만을 가져다주는 장식품(60평 고층 아파트)이나 장난감(최신형 스마트폰)을 얻기 위해 늘 노고와 불안에 짓눌려야 한다.[5]

---

5   현명하고 지혜로운 사람은 세상 사람들의 여론에 크게 개의치 않지만 여기에도 두 가지 예외가 존재한다. 하나는 억울한 누명을 써서 비난받는 경우이고, 또 다른 하나는 최소한의 부조차 갖추지 못해 경멸받는 경우이다. 그러므로 아무리 타인의 칭찬과 비난에 대해 냉정한 지혜로운 사람일지라도 누명을 벗기 위해 그리고 최소한의 부를 얻기 위해 분투한다. 그러나 이 경우에서조차 최소한의 부는 행복으로 도달하기 위한 여

부와 권세는 거대한 건조물과 같다. 그것을 건축하려면 평생 동안의 노동이 필요하지만 그것은 매 순간 그 안에 살고 있는 사람들을 파묻어 버리겠다고 위협하고 있다. 그것들이 서있는 동안에는 거주자들에게 몇몇 사소한 불편들을 덜어줄지도 모르지만 계절의 모진 혹독함으로부터 그들을 보호해 주지는 못한다… 그것들은 그 거주자를 항상 이전과 똑같이, 때로는 이전보다 더욱 많은 불안과 두려움과 비애에 그리고 질병과 위험과 사망에 노출되도록 내버려 둔다. (『도덕감정론』, 342)

결국 허영과 자기기만, 야심과 경쟁의 끝은 불행이다. 그런데 정말 이것이 끝인가? 거짓 행복을 쫓는 것이 얼마나 헛된 것인가만을 보여주고자 스미스는 이 글을 쓴 것인가? 『도덕감정론』은 행복을 찾기 위한 처세에 관한 책인가?… 아직 한 가지가 더 남아 있다. 스미스는 가난한 사람의 아들 에피소드에 커다란 반전을 심어 두었다. 이 반전은 뻔한 스토리로 끝날 이야기에 커다란 생기를 불어다 준다.

자연은 허영과 야심이라는 미끼를 이용하여 개인으로 하여금 더 큰 부와 지위를 쫓는 경쟁에 참가하게 만든다. 나중이 되어서

정에서 수단에 불과하지 목적은 아니다. 이에 대한 보다 상세한 설명은 12장을 참고할 것.

야 자신이 쏟은 노고가 사실 참된 행복과는 거리가 먼 것으로 밝혀진다. 그러나 이러한 노고는 개인이 전혀 의도하지 않은 결과를 가져온다. 그의 노고와 분투로 인해 사회 전체의 부는 더욱 증가하고 사회는 번영을 구가하게 된다! 자연은 개인을 기만하여 사회로 하여금 이러한 성과를 얻게 만들었다. **개인은 자신을 기만하지만**(자기기만) **자연은 다시 이 개인을 기만한다.** 결국 개인의 행동은 어떤 **보이지 않는 손**(The Invisible Hand)에 인도되어 더 큰 사회의 목적에 부합되는 방향으로 이끌린다.

> 그렇지만 자연이 이런 식으로 우리를 기만하는 것은 좋은 일이다. 인류의 근면성을 일깨워주고 계속해서 일을 하게 한 것이 바로 이런 속임수이다. 맨 처음 인류를 고무시켜 땅을 경작하게 하고, 집을 짓게 하고, 도시와 국가를 건설하게 하고, 과학과 기술을 발명 개량하게 한 것은 바로 이것이었다. 과학과 기술의 발명 개량은 인간 생활을 고귀하고 아름답게 만들었으며, 지구의 전 표면을 완전히 변화시켰고, 자연 그대로의 거친 살림을 쾌적하고 비옥한 평원으로 바꾸었고, 사람의 발길이 닿지 않는 쓸모없는 대양을 새로운 식량 재원으로 만들었고, 또한 지상의 다양한 국민들 사이의 교류를 위한 큰 대로도 만들었다. (『도덕감정론』, 329-330쪽)

기독교의 경우 **신의 섭리**(The Providence)라는 교리가 존재한다.

인간은 자신의 뜻으로 선택하지만 이러한 개인 선택은 신의 더 큰 계획을 위한 나사못에 불과하다. 신의 계획을 우매한 인간은 결코 이해할 수 없으며 모든 인간사는 신의 사전 계획, 즉 섭리에 따른 것이다. 뜻하는 것은 인간이지만 이루는 것은 신이라는 성경의 구절("마음의 계획은 사람이 하지만 혀의 대답은 주님에게서 온다", 잠언서 16장 1절)도 이러한 신의 섭리를 표현한 것이다. 기독교의 경우뿐 아니라 철학의 영역에서도 이와 유사한 논리가 있는데 예를 들어 19세기 관념론 철학자였던 헤겔의 **'이성의 간계'**(the cunning of reason) 개념이 그러하다. 헤겔에 따르면 비이성적인 열정은 아무렇게나 발산되는 것처럼 보이지만 사실은 이성의 최종 발전 형태인 세계정신의 목적을 위해 봉사하고 있다.[6] 그것이 신의 섭리이든 아니면 세계정신의 간계이든, 개인의 의도와 선택은 더 높은 차원의 목표에 종속되고 부지불식간에 그 목표 실현에 기여하게 된다. 그런데 지금 보고 있는 스미스의 논의 역시 동일한 논리 구조를 갖는다. 사회의 번영은 개인에게 전혀 관심 밖의 문제이다. 그에게 오로지 중요한 것은 자신의 재산이 증가하고 권세가 높아지며 그 결과 사람들이 자신을 우러러보는 것이다. 그러나 개인이

---

6   헤겔은 「논리학」에서 다음과 같이 언급한 바 있다. "이성(reason)은 강력하면서도 교활하다. 그것이 교활한 것은, 자기 자신은 과정에 직접 개입하지 않고 여러 객체들이 자기들의 성질에 따라 상호작용하여 지치게 하면서 오직 이성의 목적만을 실현시키는 매개적 활동 때문이다."(헤겔, 『철학체계』 제1부, 「논리학」, 1840, 382: K. 마르크스 『자본』 1(상), 239 재인용)

경쟁에 참가해서 자신의 목적을 추구하는 과정에서 그가 전혀 의도치 않았던 문명의 발전이 초래된다. 신이 자신의 뜻을 펼치기 위해 인간의 선택을 이용하듯이, 세계정신이 자신의 완전한 실현을 위해 인간의 열정에 의지하듯이, 자연 역시 사회의 문명이 발전할 수 있도록 개인을 활용한다.

「가난한 자의 아들」 에피소드의 결말을 통해 이제 우리는 번영, 진보 그리고 축적이라는 주제로 넘어가게 된다. 우리는 다음 장에서 『도덕감정론』의 세계를 잠시 벗어나 이 주제들을 본격적으로 다룬 스미스의 또 다른 저작 『국부론』으로 포커스를 옮길 것이다.

8장 부록 편리함과 완벽함: 상업사회의 주객전도

상업사회는 체계적으로 목적과 수단을 전도시켜 부와 권세를 행복인 것으로 오인하게 만든다. 상업사회 안에서 일어나는 주객전도는 이것만이 아니다. 우리는 일상에서 수단을 위해 목적을 희생시키는 어처구니없는 선택을 매일 하고 있다. 이 부록 절에서는 전도의 문제와 관련하여 『도덕감정론』 4부 1장에서 스미스가 제시한 흥미로운 논의들을 살펴보고자 한다. 스미스는 자신이 이 주제를 제기한 것을 자랑스러워하였고("이런 사실은 내가 아는 한 이제까지 어느 누구에게도 주목받지 않았다." 『도덕감정론』, 336) 그 내용도 매우 흥미롭다.

먼저 효용으로부터 이야기를 시작해보기로 하자. 효용이란 일종의 기능에 대한 감각인데 철학자 흄은 이러한 효용이 사물에 아름다움을 부여한다고 생각하였다. 그런데 스미스에 따르면 우리는 어떤 재화가 주는 이러한 효용보다 그 효용을 높이는 재화의 성능에 큰 관심을 기울인다. 예를 들어 어떤 기예품이 있을 경우 우리가 그것을 통해 향유할 수 있는 편리함이나 효율성보다 그 편리함을 증진시켜 줄 물건의 적합성이나 설계를 더 중시 여기는 경향이 있다.

> 어떤 기예품의 이러한 적합성, 이처럼 사람들을 즐겁게 하는 설계는 때때로 그 기예품이 의도한 목적 그 자체보다 높게 평가된다는 사실 그리고 어떤 편리함 또는 즐거움을 얻기 위하여 수단들을 정확하게 조정하는 것이 그것들을 사용해서 달성하려는 바로 그 편리함 또는 즐거움보다도 더 중시되는 경우가 빈번하다는 사실. (『도덕감정론』, 336)

예를 들어 우리는 의자의 효용이 우리에게 일정한 안락함을 제공하는 것이라는 점을 잘 알고 있다. 그런데 이러한 효용의 수준을 넘어서 의자의 배열에 더 큰 관심을 가질 때가 존재한다. 의자들이 일렬로 가지런히 배열되어 있을 때 우리는 의자에 대해 더 큰 적합성을 느끼게 된다. 그런데 이는 형식에 치중하는 전도된 사고이다.

목적보다 수단을, 내용보다 형식을, 편리함보다 완벽함을 추구하는 이러한 물신적 사례로 스미스가 들고 있는 것이 앞서 의자와 더불어 시계이다. 시계가 하루에 2분 늦는다고 해서 우리가 약속을 제시간에 지키지 못하거나 정확한 시각을 알지 못하게 되는 것은 아니다. 그럼에도 사람들은 기꺼이 큰 비용을 치르면서 2주에 1분 늦는 시계를 구입한다. 그렇다고 물론 그가 약속을 이전보다 더 잘 지키게 되는 것은 아니지만 말이다. "우리가 정밀한 시계의 효용을 높이 평가하는 것은 그것이 정밀해야 할 필요가 있어서가 아니다. 오히려 그와 같은 정밀함이 질서 잡힌 체계 안에서 기능하기 때문이다." (K. Haakonssen: Adam Smith 2002, XIX) 시계는 그 자체가 중요한 것이 아니라 시간 체계 안에서 기능하기 때문에 중요하다. 그런데도 사람들은 시계 그 자체의 정밀함과 정교함에 현혹되어 그것을 위해 많은 비용을 치른다. 이제 사람들은 시계로부터 시간을 아는 것보다 시계 장치 그 자체의 완결성, 정교함, 디자인에 관심을 쏟게 된다.

한편 이러한 전도는 비단 의자나 시계와 같이 사소한 대상에만 해당되는 것은 아니다. 우리의 실제 삶에서는 보다 심각한 주객전도가 빈번하게 발생한다. 예를 들어 우리는 성과를 더 높이기 위해서 경쟁이라는 제도를 도입하고 활용한다. 그런데 경쟁 그 자체에 몰두하다 보면 이제 경쟁을 통하지 않고서는 성과가 제대로 나지 못한다고 생각한다. 본말이 뒤바뀐 경우이다. 또한 우리는 자신이 가진 뜻을 타인에게 전하기 위해 말이나 문자와 같은 언어를 사용한다. 그런데 또한 언어 그 자체에 매몰되다 보면 역시 언어로 표현되지 않는 것들은 뜻이 없다고 잘못 생각하게 된다. 한편 우리는 사랑하는 연인과 함께 한 침대에서 같이 잔다. 그러나 성관계 그 자체에 탐닉하게 되면 성관계를 맺지 않으면 사랑하는 관계가 아니라는 그릇된 결론을 내리게 된다.[7] 우리가 지나치게 형식에 치중한다면 원래 더 중요한 목적이었던 성과, 뜻, 사랑을 시야에서 잃게 된다. 어떤 사회에서든 이런 일은 발생하기 마련이지만 상업사회는 그 특유한 작동 원리(허영과 자기기만) 때문에 이러한 오인 및 전도가 더 빈번하게 발생한다.

스미스는 이러한 전도의 가장 심각한 사례를 이미 우리에게 보여주었다. 다시 「가난한 자의 아들」 이야기이다: 인간은 한 평생 자신의 참된 행복을 뒤로 하고 부와 권세만을 뒤쫓는다. 그러나 결국 마지막이 되어서야 자신이 쫓았던 것들이 얼마나 허망한 것인가를 뼈저리게 느낀다. 하루에 2분 늦는 시계만으로도 충분했지만 허영심에 휩싸인 사람은 큰 비용을 들여 2주에 1분 늦는 시계를 구입한다. 그러나 이는 부질없는 일이다. 마찬가지로 청춘과 건강은 그 자체가 삶에서 가장 값진 것이었지만 야심에 들뜬 사람은 이것을 부와 권세와 맞바꾼다. 이도 부질없는 일이기는 매한가지이다.

---

7   이러한 현상을 마르크스는 물신성이라고 불렀다. 본문의 사례들은 류동민(2012)에서 가져왔다.

제9장

분업, 자본축적 그리고 이기심:

번영에 이르는 길

스미스는 자신의 학문 체계를 도덕철학의 체계라고 생각하였다. 그가 강의했던 강좌들의 구성이나 당시 스코틀랜드 지식인들의 사고에 따르면 도덕철학은 크게 윤리학과 법학으로 구성된다. 윤리학 논의의 전 단계로 신학이 도입되며, 법학 안에는 정치경제학이 포함된다. 따라서 스미스의 도덕철학 체계는 최종적으로 (1)**신학** (2)**윤리학** (3)**법학** (4)**정치경제학**으로 구성된다고 볼 수 있다. 스미스의 윤리학은 『도덕감정론』으로, 정치경제학은 『국부론』으로 그 내용이 세상에 알려지게 되었다. (순수 법학과 관련한 부분은 스미스 생전에 출간된 바 없으며, 모든 초고들을 불사르라는 그의 유언에 따라 폐기되었다. 그러나 이후 글래스고 대학 강의에 참가한 학생들의 노트가 발견되어 그의 법학 체계 역시 『법학강의』라는 제목으로 세상에 알려지게 되었다.)

『도덕감정론』이 상업사회 내에서 어떻게 도덕 질서가 수립되는지에 관한 이야기라면, 『국부론』은 상업사회가 어떻게 번영에 이르는가에 관한 이야기이다. 전자에서 중요한 출발점이 공감이라면, 후자에서 그 역할은 이기심에 주어진다. 이 장에서 우리는 이기심이 어떻게 분업과 축적을 매개로 하여 부를 산출하고 사회를 진보시키며 문명을 발전시키는지를 살펴보고자 한다.

18세기 유럽 민족국가들의 최대 관심사는 부국강병이었다. 이를 반영하여 스미스 시대를 전후해 많은 사상가나 경세가들의 중요한 정책적 관심은 '어떻게 국가의 부를 증대시킬 수 있는가'라는 문제로 모아졌다. 또한 그들은 이 문제 해결을 위해 국부의 실체에 관한 이론적 연구에도 매달리게 되었다. 중상주의(mercantilism)라고 불렸던 일군의 그룹들이 내놓은 해답은 귀금속이었다. 이들에 따르면 국부의 실체는 금과 은처럼 가치를 갖는 금속이고 교역을 통해 이를 가장 많이 축적한 국가가 가장 부유한 나라이다. 그러나 중농주의(physiocrats)라는 기치를 내걸고 등장한 프랑스 지식인들은 중상주의와는 상이한 새로운 대답을 제시하였다. 이들은 토지의 생산성이 유일한 국부의 원천이고 따라서 국부의 증대를 위해 농업 생산성을 높일 제도적 개혁이 급선무라고 보았다. 국부의 실체에 관한 논쟁에서 스미스는 중농주의도 아니고 중상주의도 아닌 제3의 답변을 제시하였다.

한 나라 국민의 연간 노동은 그들이 연간 소비하는 생활 필수품과 편의품 전부를 공급하는 원천이며, 이 생활 필수품과 편의품은 언제나 이 연간 노동의 직접 생산물로 구성되거나 이 생산물과의 교환으로 다른 나라에서 구입해온 생산물로 구성된다. 따라서 한 나라 국민들이 필요로 하는 생활 필수품과 편의품이 제대로 공급되는지 그렇지 못한지는 이 직접 생산물 또는 그것의 교환으로 다른 나라에서 구

입해온 생산물과 그것을 소비하는 사람의 수 사이의 비율
에 의해 결정된다. (『국부론(상)』, 1)

스미스는 시민들의 물질적 생계수준에 직접 영향을 미치는 필
수품과 편의품이 다름 아닌 부(富)이고 노동은 그 부의 원천이라
고 보았다. 한 국가의 번영과 풍요는 한 개인이 향유하는 필수품
과 편의품, 즉 1인당 연간생산물로 정의될 수 있다. (이를 오늘날 경
제학 용어로 1인당 국민소득이라고 부른다) 만일 부를 그렇게 정의한다
면 한 국가를 더 부유하게 만들 수 있는 수단에는 어떤 것이 있을
까?

각 나라에서 1인당 연간 생산물은 반드시 두 가지 사정
에 의해 결정된다. 첫째는 국민이 노동을 할 때 발휘하는 기
교, 숙련 및 판단이고, 둘째는 유용노동에 종사하는 사람의
수와 유용노동에 종사하지 않는 사람의 수 사이의 비율이
다. 어느 한 나라의 토양, 기후 또는 국토의 크기가 어떠하
건 간에, 주어진 상황에서 그 나라의 연간 공급의 풍족 또는
결핍은 반드시 위의 두 가지 사정에 의해 결정된다. (『국부론
(상)』, 1-2)

따라서 스미스에 따르면 한 나라 시민들이 누리는 풍요의 정
도는 ⑴생산과정에서 노동자들이 대상을 처리하는 속도와, ⑵필

수품과 편의품을 생산하는 노동자와 이들이 부양해야 할 사람들 (유용노동종사자와 비종사자) 사이의 비율에 의해서 결정된다. 오늘날 현대의 경제학자들에게 전자는 노동생산성으로, 후자는 경제활동참가율로 알려져 있다.[8] 뒤이은 논의에서 스미스는 전자는 분업에 의존하는 반면, 후자는 자본축적에 의존하고 있다는 점을 강조한다. 따라서 그에게 있어 분업과 자본축적은 부의 증가와 사회 번영을 위한 두 가지 원리이다.

분업과 교환 일반적으로 내가 타인의 노동 생산물을 얻기 위해 사용할 수 있는 방법은 다음 세 가지 가운데 하나이다. 첫째가 전쟁을 통한 약탈이다. 둘째가 친구의 선의에 기댄 선물 받기이다. 그러나 약탈은 권장할 수 없는 방법이고, 선물은 언제나 기대할 수 있는 방법이 아니다. 마지막 세 번째 방법이 분업과 교환이다. 나는 타인의 재화를 얻기 위해 동등한 가치를 갖는 나의 재화를 제공하여야 한다. 상업사회에서는 오직 시장 교환을 통해서만 내게 필요한 생계 물자를 안정적으로 그리고 지속적으로 획득할 수 있다.

나는 어제 미국산 밀로 만든 식빵과 프랑스산 치즈로 아침을 먹었다. 점심 때에는 벨기에산 돼지고기 요리를, 저녁 때에는 노

---

8   경제활동참가율은 생산가능인구 대비 노동시장 참가자 비율로 본문의 스미스 비율과 정확하게 일치하는 것은 아니다. 이 둘은 대략적으로만 일치한다.

르웨이산 고등어 요리를 먹었다. 식사를 하고 난 이후 내가 주로 먹는 후식은 칠레산 블루베리이다. 나는 일본산 자동차를 운전하며 네델란드산 오디오를 통해 음악을 듣는다. 나의 이러한 모든 소비가 지탱되기 위해 전지구적인 차원의 분업과 교환 체계가 작동한다. 나의 손에 이들 재화가 전달되기 위해 얼마나 많은 사람들이 방대한 생산 및 유통 네트워크에서 활동하는지 쉽게 짐작이 가지 않을 정도이다.

분업은 유례없는 생산성 증대를 가져온다. 이러한 생산성 이득은 생산에 참가한 사람들에게 실질소득의 증대를 가져다준다. 더 많은 재화가 생산된다면 더 많이 소비할 수 있기 때문이다. 따라서 실질소득의 증대는 시장의 규모를 확대시킨다. 시장의 규모 확대는 다시 분업을 더욱 심화시키는 원동력이다. 분업을 제한하는 것은 시장 규모인데 이제 시장 수요가 확대된다면 분업은 더 확장될 수 있다. 이러한 선순환의 메커니즘(분업 ⇒ 실질소득 증대 ⇒ 시장 확대 ⇒ 분업 확대…)이 일단 작동하기만 한다면 포지티브 피드백 과정을 통해 성장과 번영이 뒤따를 것이다. 스미스에게 이 메커니즘은 풍요로움으로 향하는 아피아 가도(Via Appia)였다. 분업과 교환의 확대를 통해 장기적으로 모든 시민들의 생활수준이 크게 향상될 것이기 때문이다.

자본축적 어느 개인이 자신의 사업에서 수익이 증대했다고 가정해보자. 수익의 사용 방법을 둘러싸고 그는 최소한 세 가지 대안을 떠올릴 수 있다. 첫째, 그는 자신의 돈을 그대로 서랍 안이나 침대 아래 보관할 수 있는데, 이를 퇴장 혹은 축장(hoarding)이라고 부른다. 이는 저축의 한 형태이지만 다음 기에 생산적 투자로 이어지지 않으므로 그 성격이 본질적으로 소극적이다. 수익성 있는 사업 기회가 없을 경우 그는 이 스크루지식 방법을 선택할 것이다. 둘째, 그는 추가적 소득을 자신의 향락을 위해 기호품이나 사치품 구매에 사용할 수 있다. 이 경우 그는 자신의 돈을 단순히 지출(spending)해 버린 것이다. 당장의 생활 수준은 상승하겠지만 지출과 낭비가 계속될 경우 장기적으로 그의 생활 수준은 다시 하락할 것이다. 이는 성서 루카 복음서에 등장하는 탕자가 선택한 길이다. 셋째, 그는 자신의 추가 소득을 새로운 기계 설비나 노동자 고용에 사용할 수 있다. 다시 말해 그는 지금 현재 당장의 소비에 만족하지 않고 더 큰 수익을 벌기 위해 수익 일부를 재투자(reinvestment)할 수 있다. 그는 스크루지도 탕자도 아닌 자본가의 길에 들어서게 된다. 자본가가 자신의 부의 일부를 따로 적립하고 이를 다음 기 생산 규모 확장에 사용하는 과정을 자본축적(capital accumulation)이라고 부른다.

스미스가 살고 있었던 18세기의 경우 생산조직은 주로 매뉴팩추어(수공업 작업장) 수준에서 크게 벗어나지 못하였으며 따라서 재투자는 대체로 신규 노동자 채용의 형태를 띠었다. 그가 일 년 동안 생산해낸 생산물의 일부는 기존 생산규모를 다시 갱신하기 위한 자본 회수로 돌려질 것이다. 생산물의 나머지 부분, 즉 잉여 생산물 부분은 다음 기 새로운 노동을 고용하기 위해 남겨두거나

(재투자), 소비에 사용하거나(지출), 국가의 세금 납부에 쓰일 것이다(조세). 만일 잉여생산물 가운데 재투자로 돌려지는 부분이 더욱 많을수록 그는 다음 기 더 많은 노동자를 고용하고 생산의 규모를 늘릴 수 있다.

그러나 만일 잉여생산물의 더 많은 부분을 소비로 돌릴 경우, 예를 들어 더 많은 하인을 두어 낭비할 경우 그는 재투자의 기회를 그만큼 잃게 된다. 하인은 국부를 구성하는 생필품과 기호품을 생산할 수 없으며 따라서 국부 증대에 전혀 기여하지 못한다. 이러한 이유로 스미스는 하인을 비생산적 노동자로 분류하였다. 한편 만일 국가가 이 자본가에게 더 많은 세금을 거두어 간다면 이 경우에도 비슷한 일이 발생한다. 그렇지 않았더라면 국부의 생산에 사용되었을 재원이 국가 관료나 군대 유지에 사용되기 때문이다. 공무원이나 장교들 역시 비생산적이기는 하인과 마찬가지이다. 저축 및 투자는 생산적 노동을 고용하는 것임에 반해, 소비와 조세는 비생산적 노동을 고용하는 것이다. 따라서 자본가 개인의 낭비와 정부의 낭비는 자본축적의 가장 큰 걸림돌이다. 만일 자본가 스스로가 낭비를 줄이고 국가 역시 방만한 지출을 줄인다면 자본축적 과정에서 더 많은 생산적 노동자가 고용되고, 공동체의 부는 더욱더 증대하며, 따라서 부의 향연에 더 많은 사람들이 초대받을 수 있게 된다.

분업과 교환 그리고 재투자와 축적은 **이기심/자애심**에 의해 추동된다. 사람들이 붙박이 직종에서 평생을 지내는 것도, 시장에서 자신의 노동생산물을 타인의 그것과 기꺼이 교환하는 것도, 끊임없이 수익을 추구하고 그중 일부를 재투자해 생산의 규모를 늘리는 것도 모두 자신의 처지와 물질적 복지, 경제적 생존을 위한 이기적 동기에서이다. 경제적 거래와 축적 과정에서 발생하는 온갖 번거로움와 인내, 고통스러움과 괴로움도 더 많은 이득을 통하여 보상된다. 궁극적으로 우리의 생존 역시 타인의 자혜가 아니라 이기심에 의존하고 있다.

인간은 항상 다른 동포의 도움을 필요로 하는데, 단지 그들의 선심에만 기대해서는 그 도움을 얻을 수 없다. 그가 만약 그들 자신의 자애심(self-love)이 자기에게 유리하게 발휘되도록 할 수 있다면, 그래서 자기가 그들에게 해주기를 요구하는 일을 그들이 자기에게 해주는 것이 그들 자신에게 이익이 된다는 것을 설득할 수 있다면, 그들의 도움을 얻으려는 그의 목적은 더 효과적으로 달성될 것이다. 타인과 어떤 종류의 거래를 하고자 하는 사람은 누구든지 이렇게 제의한다. "내가 원하는 것을 나에게 주시오. 그러면 당신이 원하는 것을 가지게 될 것이오." 이것이 이러한 거래에 담겨진 의미이다. 바로 이러한 방법으로 우리는 피차간에 자기가 필요로 하는 도움의 대부분을 얻게 된다. 우리가 매일 식사를 마련할 수 있는 것은 푸줏간 주인과 양조장 주인 그리고 빵집 주인의 자비심 때문이 아니라, 그들 자신의 이익

애덤 스미스 『도덕감정론』 읽기

을 위한 그들의 고려 때문이다. 우리는 그들의 자비심에 호
소하지 않고 그들의 자애심에 호소하며, 그들에게 우리 자
신의 필요를 말하지 않고 그들 자신에게 유리함을 말한다.

(『국부론(상)』, 18-19)

그리고 신기하게도 상업사회에서는 이러한 이기적 동기가 모
이고 집계되어 사회적 선이 실현된다. 이러한 전환이야말로 상업
사회의 가장 큰 역설인데 여기서 『국부론』의 그 유명한 구절, '보
이지 않는 손'이 등장한다.[9]

따라서 각 개인이 최선을 다해 자기 자본을 본국 노동
의 유지에 사용하고 노동생산물이 최대의 가치를 갖도록

---

9 시장 경제에 대한 스미스의 통찰을 한마디로 요약한 것이 '보이지 않는
손'일 것이다. 이 표현을 대신할 다른 표현은 찾아보기 힘들다. 그러나 그
대표성에도 불구하고 이 유명한 표현은 『국부론』 전체에 걸쳐 단 한 번
만 등장하고 있다. 어쩌면 스미스가 더 인상적인 설명을 위해 이 표현을
아껴둔 것일지도 모른다. '보이지 않는 손'이라는 표현이 스미스의 저작
에 등장한 사례가 세 번 있었다. 첫 번째는 천문학에 관한 글이었고, 두
번째는 『도덕감정론』의 지주 에피소드였다. 마지막 세 번째가 이곳 『국
부론』에서 발견된다. 표현 그 자체의 기원은 전함 프린스 조지호의 함장
마틴에게로 올라간다. 1703년 영국에 엄청난 폭풍우가 덮쳤을 때 많은
배가 침몰하지만 자신의 배는 침몰하지 않은 것을 두고 마틴 함정은 항
해 일지에 '보이지 않는 신의 손이 우리를 구했다'라고 기록하였다. (D.
D. 라파엘 2002, 105)

노동을 이끈다면, 각 개인은 필연적으로 사회의 연간 수입이 가능한 한 최대의 가치를 갖도록 노력하는 것이 된다. 사실 그는 공공의 이익(public interest)을 증진시키려고 의도하지도 않고, 공공의 이익을 그가 얼마나 촉진하는지도 모른다. 외국 노동보다 본국 노동의 유지를 선호하는 것은 오로지 자기 자신의 안전(security)을 위해서고, 노동생산물이 최대의 가치를 갖도록 그 노동을 이끈 것은 오로지 자기 자신의 이익(gain)을 위해서다. 이 경우 그는, 다른 많은 경우에서처럼, **보이지 않는 손**(an invisible hand)에 이끌려서 그가 전혀 의도하지 않았던 목적을 달성하게 된다. 그가 의도하지 않았던 것이라고 해서 반드시 사회에 좋지 않은 것은 아니다. 그가 자기 자신의 이익을 추구함으로써 흔히, 그 자신이 진실로 사회의 이익을 증진시키려고 의도하는 경우보다, 더욱 효과적으로 그것을 증진시킨다. (『국부론(상)』, 552-553)

개인의 이기심은 이제 사회적 선으로 전환된다. 개인이 수익이 가장 높은 사업을 선택함에 따라 사회 전체 차원에서 희소한 자원들은 그것들이 가장 필요로 하는 곳에 배치될 것이고, 거래에 참가한 모든 이들의 이익 총합은 극대화될 것이다. 첫 단추(이기심)와 마지막 단추(공공의 이익)를 이어주는 것이 다름 아닌 보이지 않는 손, 즉 시장의 경쟁 메커니즘이다. 왜냐하면 경쟁은 "사업의 잠재적 이득이 사업의 불리함과 리스크를 보상받기에 충분한가

여부를 결정할 기회를 개인에게 부여" (F.A. 하이에크 1999, 58) 하면서도 동시에 자유로운 진입과 이탈(free entry and exit)의 과정을 통해 사회적 수요에 비례하여 자원을 배분하기 때문이다. 그 결과 경쟁이 지배적인 곳에서 사익과 공익은 일치한다. 『도덕감정론』에서의 경쟁과 마찬가지로, 『국부론』에서의 경쟁 역시 사회 진보와 경제적 번영으로 귀결된다.

사회의 진보는 전혀 의도하지 않는 이기적 행위들의 심오한 결과인 셈이다. 결국 개인의 이기심은 분업과 교환, 재투자와 축적을 거쳐 종국에는 타인과 사회에 커다란 기여를 하게 된다.[10] 상업사회에 들어서서 인류는 처음으로 이기심이 선이 되는 것을 목도하게 되었고, 부자가 되는 것이 사회적 번영에 기여하는 것이라는 점을 깨닫게 되었다.

우리는 앞서 「가난한 자의 아들」 에피소드에서 허영심과 야심의 추구가 자기기만을 낳고 인간을 불행으로 빠뜨리지만, 다른 한편으로는 잠들어 있던 인류의 근면성을 일깨워 문명의 발전이라는 놀라운 결과를 낳는다는 점을 언급한 바 있다. 그런데 이번 장에서 우리는 상업사회에서 번영을 가져다주는 또 다른 인간의 심성, 즉 이기심을 살펴보았다. 요약하자면 인간 공감 성향의 왜곡된 형태인 허영심과, 인간 교환 및 축적 성향을 실현하는 이기심

10　오늘날 현대 경제학에서는 이처럼 의도하지 않은 긍정적 결과를 양의 외부효과(positive external effects)라고 부른다.

은 상업사회의 성장과 발전에 필수불가결한 인간 정념의 근원이다. 허영심은 야심을 낳고 야심은 경쟁을 촉발시킨다. 이기심은 이윤을 좇고 이윤의 기대는 경쟁을 격화시킨다. 요컨대 허영심과 이기심은 상업사회라는 거대한 터빈을 돌아가게 만드는 두 개의 엔진이다.

신중한 사람:
제어된 야심과 이기심

결국 상업사회 번영의 비결은 허영심과 이기심이다. 이러한 인간 정념의 불유쾌한 유형 덕택에 번영이 가능해지고, 이 번영 때문에 상업사회의 농부들은 아프리카의 왕보다 더 부유한 삶을 향유하게 된다. 따라서 상업사회는 비록 재산과 소득이 불평등하다 할지라도 그에 선행하였던 어떤 사회 형태보다도 대중들의 물질적 생활 수준을 향상시켰다고 볼 수 있다. 이제 인류는 최초로 비참과 빈곤을 극복할 가능성을 얻게 된 것이다. 불평등 문제는 여전히 꺼림직하지만 이 정도는 상업사회가 이룩한 성과에 비추어보면 어느 정도 치러야 할 비용으로 여겨졌다. 이제 모든 것이 순조롭고 이야기는 해피 엔딩으로 끝날 것처럼 보였다.

그러나 여기서 또 하나의 꽤 심각한 문제가 등장한다. 개인은 허영과 야심에 눈이 멀어 그리고 이기심의 화신이 되어 부와 지위를 얻기 위한 경쟁에서 수단과 방법을 가리지 않는다. 야심과 이기심은 인간의 노고를 사회의 번영으로 이끌지만 만일 이 과정에서 경쟁이 과열된다면 사회 그 자체가 아예 녹아 내릴 것이다. 적절한 경쟁은 번영에 필수적이지만, 경쟁이 필요 이상으로 격화되면 번영에 위해를 가하기 시작한다. 부정과 권모술수, 악덕과 비행이 판을 치는 사회에서 더 이상 질서는 유지될 수 없고 장기적으로 번영 그 자체도 불가능하다. 사람들이 자기 마음 속의 공평한 관찰자의 조언을 무시하고 남을 희생하면서까지 오직 자기만의 이익을 추구한다면, 상업사회라는 게임의 질서규칙은 더 이상 지켜지지 않을 것이다.

좀 더 구체적으로 이 문제를 살피기 위해 다시 영희의 이야기로 돌아가보자. 우리의 친절한 영희는 이웃과도 사이좋게 지내는데 매월 한 번씩 이웃들을 초대하여 자신이 직접 구운 케이크를 대접한다. 케이크가 맛있어서 이웃들은 이구동성으로 영희를 칭찬하고 일부는 영희에게 케이크 가게를 차려보라고 부추긴다. 평소 케이크 굽기를 좋아하고 자신의 케이크에 대해 호평이 쏟아지자 여기에 용기를 얻어 영희는 집 근처 상가를 구해 케이크 가게를 열게 되었다. 그러나 여기서부터 이야기의 색조가 달라지기 시작한다. 이제 단순히 솜씨를 자랑하는 수준을 너머 케이크 만들기는 영희 생계의 유일한 원천이 된다. 예전에는 케이크 만들기와 그것을 이웃과 나누는 것 그 자체가 목적이었으나 이제 케이크는 돈을 벌기 위한 수단, 즉 교환을 위한 상품으로 전락하게 된다. 더군다나 길 건너 영수네 케이크 가게가 새로 오픈하면서 영희는 본격적으로 시장 경쟁에 돌입하게 된다. 경쟁에서 승리하여 영수네 케이크 가게까지 인수하는 것이 영희의 삶에 새로운 목표가 된다. 이제 영희는 즐기기 위해서가 아니라 필사적으로 케이크를 굽게 된다. 만일 케이크가 더 많이 팔릴 수만 있다면 영희는 독약을 제외한 그 어떤 것도 첨가할 용의가 있다. 영희가 경쟁에 내몰릴수록 사업과 사기의 경계는 점차 모호해진다. 애초 영희를 사업 쪽으로 등 떠민 것은 주변 이웃의 평가였다. 그러나 본격적으로 경쟁에 참여하면서 영희는 시장의 평가에 민감해지고 전전긍긍하게 된다. 점점 더 큰 야심을 품게 된 영희는 그 야심의 실현을 위해 자신의 내면에서 들려오는 양심의 소리, 즉 공평한 관찰자의 조언에 귀를 막게 된다. 이제 시장은 영희와 같은 사람들로 넘쳐나 과열 경쟁으로 엉망이 되고 만다.

이런 식의 결말은 우리를 우울하게 만든다. 그리고 현실도 이와 다르지 않은 것처럼 보인다. 현실에서도 이러한 사기와 기만이 언제나 차고 넘쳐난다. 어떤 가게 주인은 외국산 쇠고기를 국내산 한우로 속여 판다. 어떤 식당에서는 손님이 남기고 간 반찬을 다시 다른 손님 밥상에 올린다. 어떤 이는 보이스 피싱을 통해 다른 이들의 재산을 편취해 간다. 어떤 사람은 중고자동차 거래시장에 훔친 차를 내놓거나 혹은 자기 차이지만 심각한 하자를 숨긴 채 내놓는다. 어떤 기업은 자신의 제품에 대해 거리낌 없이 허위 과장 광고를 일삼는다. 어떤 사람은 기업의 내부 정보를 이용하여 주식시장에서 부정한 방법으로 돈을 번다. 어떤 기업주는 자신이 고용한 외국인 노동자의 임금을 체불한다.

시장은 언제나 타락의 장소였다. 시장의 타락과 관련하여 이전부터 내려오는 이야기가 하나 있다. 이에 따르면 아무리 규모가 크고 거래자들이 많다 하더라도 시장에 참가한 사람들을 모두 타락시키는 데에는 단 한 마리의 악마로도 충분하다. 시장에 참가하는 사람들은 모두 이기심에 눈이 멀어 서로 속일 준비가 되어 있으며 굳이 악마의 도움을 빌지 않고서도 타인을 기만하고 사기에 빠뜨릴 의향을 이미 가지고 있다는 뜻이다. 상업사회 이전에도 이기심으로 인한 인간 타락은 있어 왔지만 이러한 상황은 상업사회에서 절정을 이룰 것이다.

결국 우리는 일종의 딜레마에 빠지게 된다. 부와 지위를 향한 허영심과 이기심은 사회의 번영을 촉진하지만 동시에 과도하다면 사회 질서를 무너뜨리기도 한다. 원자로가 과열될 경우 노심융해(爐心鎔解, meltdown)가 발생하듯이, 허영심과 이기심이라는 인간의 정념이 과도할 경우 사회붕괴가 발생한다.

스미스는 이러한 정념들의 자기 함정이라는 위험을 벌써 잘 알고 있었고 이에 대해 앞서 우리 논의에서 이미 언급된 한 가지 방책을 마련해두었다. 그는 세상의 찬탄과 존경을 얻는 방법에는 두 가지 상이한 길이 있다고 생각하였다. 하나는 덕을 따르는 것이고 다른 하나는 재산을 따르는 것이다. 대중들은 유덕한 사람을 존경하기도 하고, 막대한 재산의 소유자를 우러러보기도 한다. 공평한 관찰자는 덕의 길을 걸으라고 조언하지만 실제 대부분의 많은 사람들은 그 조언을 무시하고 재산의 길만을 따른다. 오직 소수의 사람들만이 공평한 관찰자의 조언에 귀 기울여 덕을 선택한다. 전자는 연약한 사람들이고 후자는 현명한 사람들이다. 이제 스미스는 다음과 같이 조언한다: 우리는 두 길을 모두 걸어야 한다. 재산의 길을 걸으면서도, 동시에 덕의 길을 걸어야 한다. 우리는 연약한 사람이지만, 현명한 사람이 되기 위해 노력하여야 한다. 우리는 재산을 추구하는 동시에 덕을 추구함으로써 우리의 야심과 이기심을 제한하여야 한다. 더 큰 부와 지위를 둘러싸고 타인과 경쟁할 때도 우리는 언제나 공정한 게임의 규칙을 지켜야 한다. 페어 플레이라는 이 게임의 규칙은 다름 아닌 일반규칙이 규정하는 바인데, 이에 따르면 야심과 이기심은 정의의 규칙에 의해 반드시 제어되어야 한다. 제어된 야심과 이기심만이 사회 질서를 해치지 않으면서 사회 번영을 보장할 수 있다.

개인이 타인과 경쟁할 경우 그가 동원할 수 있는 방법은 크게 두 가지가 있다. 첫째, 그는 자기 훈련을 통해 자신의 역량을 높이고 이를 경쟁 우위 수단으로 활용할 수 있다. 둘째, 또한 그는 정의롭지 못한 방법, 예를 들어 비방이나 담합, 뇌물을 통해서도 경쟁에서 우위를 차지할 수 있다. 그러나 공정한 관찰자와 일반규칙이 허용하는 것은 오직 전자뿐이고 이것이 상업사회의 게임 규칙이다. (도메 다쿠오 2010, 101-103)

결국 스미스는 허영심의 남용과 이기심의 오용으로 상업사회는 커다란 문제에 직면하게 될 것이지만, 이에 대한 해결책 역시 상업사회 내부에서 발생할 것이라고 기대하였다. 존경과 찬탄을 얻는 과정에서 발생하는 소란과 혼란은 동일한 기원을 갖는 정의의 규칙에 의해 해결되기 때문이다. 우리는 여기서 문제가 곧 해결책이라는 사실을 깨닫게 된다.

이러한 스미스의 주장은 소크라테스와 트라시마코스 사이의 문답을 연상시킨다. 소크라테스가 트라시마코스에게 이렇게 묻는다.

"선생은 나라나 군대, 강도단이나 도둑의 무리, 또는 다른 어떤 집단이 어떤 불의한 일을 공동으로 저지르려 할 때, 만약 그들이 서로서로에게 불의한 일을 행한다면, 그들이 그 일을 조금이라도 수행할 수 있으리라고 생각하시오?" 당연히 트라시마코스는 그렇지 못할 거라고 대답한다. 예를 들어 악당들이 작당하여 은행을 털기로 계획을 짰다고 가정해보자. 그러나 항상 악당들은 딴마음을 품고 다른 악당들을 따돌리거나 없애서 자기만 모든 돈을 독점하려고 한다. 이런 식의 이야기의 결말은 항상 정해져 있다. 악당들 사이에 불화와 의심이 확산되어 계획은 결국 실패로 돌아간다는 것이다. (김상봉, 1999, 48-61)

이 이야기의 교훈은 더할 나위 없이 분명하다. 어떤 악당이 만일 야심을 품고 전체 목적에 반하는 행동을 한다면 그리고 그의 행동을 규제할 그 어떤 규칙도 없다면 공동의 목적은 결코 달성될 수 없다. 설사 악당들 사이의 경우라 할지라도 만일 정의의 법칙이 없다면, 악당의 사회는 붕괴하고 자멸할 것이다. 스미스에 따르면

애덤 스미스 『도덕감정론』 읽기

만약 강도와 살인자들 사이에서도 어떤 사회가 존재하려면, 주지하는 바와 같이, 적어도 그들 간에는 서로 강탈하거나 살해하는 것을 자제해야만 한다. 따라서 자혜(慈惠)는 사회를 유지하는데 있어서 정의보다 덜 중요하다. 비록 최선의 상태는 아닐지라도, 사회는 자혜 없이도 존속할 수 있다. 그러나 불의의 만연은 사회를 철저하게 파괴시켜 버린다. (『도덕감정론』, 163)

사회의 존속과 유지를 위해 자혜보다 정의가 훨씬 더 중요하다. 상업사회는 정의의 인도에 따를 때만 번영이 지속될 수 있다. 따라서 악당의 사회이든 우리의 사회이든 어떤 사회이든 상관없이 사회가 유지되고 존속되기 위해서 정의는 반드시 필수적이며 강제되어야 한다. 이 정의의 규칙, 페어 플레이의 규칙이 상업사회의 붕괴를 막는다. 자혜는 건물을 치장하는 장식이고 정의는 건물을 지탱하는 기둥이라는 스미스의 비유는 사회의 안정적 존속의 조건을 다시 한 번 일깨워 준다.

우리가 지금 다루고 있는 맥락 속에서 18세기의 문제를 다시 생각해보기로 하자. 18세기의 문제란 "만일 상업사회에서 상업적 열정(허영심, 야심, 이기심)이 기존의 시민적 미덕을 압도한다면 과연 사회가 유지될 수 있을까"하는 것이었다. 우리는 이미 6장에서 이 문제에 대한 답변의 토대를 마련한 바 있다. 상업사회에서도 일련의 도덕 규칙체계가 내생적으로 작동하는데 그 기반은 다름 아닌 공감이었다. 우리는 이제 보다 완성된 답변을 제시할 수 있게 된다: **공감의 왜곡되고 부정적인 형태인 상업적 열정**(허영심 **과 이기심)은 역시 같은 공감의 올바르고 긍정적인 형태인 일반규 칙**(정의의 규칙)**에 의해 제어되어야만 한다.** 재산의 길은 덕의 길에 의해 보완되어야 하고, 상업사회의 경기 참가자들은 게임의 규칙 을 준수하여야 한다. 오직 이를 통해서만 사회는 질서를 유지할 수 있고, 장기적 번영이 약속될 수 있다.

이러한 스미스의 결론에는 어떤 의미에서 정교하고 미묘한 균 형의 측면이 존재한다. 일견 보기에 현명함은 선이고, 연약함은 악인 것으로 보인다. 연약함이 초래한 혼란과 문제들을 현명함이 해결하기 때문이다. 그런데 만일 이 세상에 선이라고 여겨지는 현 명함만 존재하고, 악에 해당하는 연약함은 없다고 가정해보자. 그 러한 세상의 경우 사회 질서는 언제나 완벽하게 유지되지만 대신 경제적 번영을 기대하기 힘들다. 번영은 오직 개인의 허영심과 이 기심 그리고 개인들 간의 경쟁을 통해서 달성되기 때문이다. 따라 서 스미스의 세계관 안에서는 사회의 번영과 질서, 야심 및 이기 심과 정의의 규칙, 재산의 길과 덕의 길, 인간의 연약함과 허약함 이 공존한다. 하나가 다른 하나를 배제할 필요 없이 서로 공존한 다. 이러한 중용의 입장은 스미스식 사고의 중요한 특징이다.

스미스 사고의 중용적 성격 그 자체가 하나의 도덕적 미덕으 로 발현되기도 하는데 **신중함**(prudence)이 그러하다. 신중함은 재 산의 길과 덕의 길을 모두 걷는 사람이 반드시 갖추어야 할 덕목이다. 그것은 인간의 연약함이 현명함에 의해 통제를 받지만 그럼에도 연약함의 존재를 부정하지 않는다. 왜냐하면 신중한 사람은 무엇보다도 '개인의 건강과 재산, 지위와 명성'에 깊은 관심을 갖기 때문이다. (『도덕감정론』, 403) 타인을 우선시하기보다 먼저 자신의 이해를 앞세우기 때문에 그는 자혜 혹은 이타심이라는 미덕을 갖지 못한다. 일차적으로 그는 이해 타산적 인간이다. 그러나 그를 단지 이기적인 인간이라고 판단해서는 안 된다. 왜냐하면 그는 자신이 수행하는 과업에 막중한 책임감을 느끼고, 자기 행동이 타인에게 미칠 결과를 염두에 두며, 자기 이익을 추구하는 과정에서 반드시 정의의 규칙을 준수하기 때문이다. 즉 그는

타인에게 자신이 어떤 것에 대해 알고 있다는 것을 설득시키기 위해서뿐만 아니라 자신의 작업상 알고 있어야 할 필요가 있는 모든 것을 이해하기 위해서, 항상 진지하게 그리고 열심히 연구한다. 그리고 그의 재능은 항상 그렇게 출중하지는 않을지 몰라도 항상 진실하다. 그는 교활한 사기꾼의 교활한 사술로 당신을 속이려고 하지 않으며, 천박하고 경솔한 현학자의 자신만만한 주장으로 당신을 속이려고 하지도 않는다. 그는 자신이 진정으로 가지고 있는 능력조차도 자랑하지 않는다. 그의 대화는 간결하고 겸손하며, 모든 요란한 기교들을 반대한다. 다른 사람들이 공중의 주목과 명성을 가로채기 위해서 항상 이용하는 엉터리 기교

들을 그는 혐오한다. (『도덕감정론』, 404-405)

신중한 사람은 진실한 사람이다. 그가 설사 건강, 지위, 재산, 명성을 갈망한다고 하나, 그럼에도 불구하고 수단과 방법을 가리지 않고 목표를 달성하려고 드는 사람은 아니다. 그는 자기 직업에서 정당하고 견실한 노고를 통해 이를 얻고자 한다. 그는 타인의 평판을 중히 여기지만 그럼에도 불구하고 정의의 규칙을 따르는 것을 자기 행동의 가장 중요한 우선 순위로 둔다. 그는 소크라테스나 카이사르와 같은 인물은 아니지만 그럼에도 정직하고 신중한 행동으로 언제나 타인의 존경과 신뢰를 받는다. 그는 역사 속 영웅은 아니지만 생활 속 영웅의 자격을 갖기에는 충분하다.[1]

그가 통상적으로 재산과 지위를 얻는 방법 역시 우리의 주목을 끈다.

신중이 우리에게 주로 제시하는 재산증식 방법은 어떠한 손실이나 위험의 가능성이 없는 방법이다. 즉 자기 사업이나 직업에 필요한 진정한 지식을 습득하고, 그것이 필요로 하는 진정한 기술을 획득하고, 그것을 실행하는 데 있어서는 각고의 노력과 근면으로써 하고, 모든 지출에 있어서

---

1   필자가 생각하건대 N. 호손 (2010)에 등장하는 주인공 어니스트야말로 이러한 인간 유형에 가장 근접한 사례가 아닐까 한다.

애덤 스미스 『도덕감정론』 읽기

는 절검하고, 심지어 어느 정도 인색하기까지 하는 것이다.

(『도덕감정론』, 404)

신중한 사람은 코인이나 주식, 아파트 투기를 하지 않을 것이다. 그는 당장 눈앞의 이익에 현혹되어 타인에게 피해를 입히고 사회에 비용을 초래하는 것을 극도로 싫어하고 오로지 성실하고 진실된 방법, 자기 노동과 지식으로만 생계를 유지하고자 한다. 신중한 그가 일상 삶과 직업적 삶 모두에서 항상 중시 여기는 것은 숙고, 경계, 세심, 노력, 절제, 인내, 자제이다. 그런데 이것들은 비록 도덕의 우주에서 가장 중요하고 핵심적인 요소들은 아니지만 그럼에도 그 자체로 도덕적 미덕임에 분명하다. 따라서 신중한 사람의 경우 재산을 추구하는 과정은 미덕을 추구하는 과정과 불가피하게 깊은 연관이 있다. 그는 사업상의 성공을 위해서라도 타인의 신뢰를 얻어야만 하며, 타인들의 신뢰는 앞서 미덕들이 드러남으로써 가능하다. 결과적으로 **신중한 사람은 재산의 길과 덕의 길을 동시에 걷는 사람이다.**

스미스는 상업사회에서 (하층계급 일부를 포함해서) 중간계급이 바로 다름 아닌 이러한 신중함의 대변자라고 생각하였다. 이들 중간계급들은 주로 상업과 제조업에 종사하는 사람들이다. 우리가 앞서 강조하였듯이 상업사회는 사람들 사이의 관계가 분업과 교환으로 맺어져 있다. 이러한 상황에서 자기 사업의 성공을 위해 상인과 제조업자들은 타인의 기대와 신뢰에 부응하여야 한다. 그는 사업상의 계약 조항을 언제나 지켜야 하며, 소비자에게 상품의 질을 속여서 판매하지 않아야 하고, 자신이 구매하는 물품들에 대해서는 정당한 제값을 치러야 한다. 그는 또한 사업에 부과된 납세 의무를 성실히 지켜야 하며, 국가가 정한 안전과 보건에 관련된 법률 규칙들을 준수하여야 한다. 따라서 이들 중간계급들의 경우 재산의 길을 걷는다는 것은 곧 덕의 길을 걷는 것에 다름 아니게 된다. 중간계급은 상업사회의 인구구조에서 가장 많은 비율을 차지하므로 상업사회는 최소한의 미덕 기반이 보장된 사회일 것이다.

따라서 신중한 사람 혹은 그의 현실적 대변자인 중간계급은 야심과 이기심을 자연 그대로의 상태로서가 아니라 제어된 상태로 갖는 사람들이다. 많은 사람들은 이러한 내밀한 사정을 잘 모른 채, 피상적 관찰에 머물면서 스미스『국부론』에 등장하는 이기심에 대해 편협한 선입견을 갖는다. 그들은 이 이기심이 글자 뜻 그대로 오로지 자기 이익만을 생각하고, 자기 행동이 다른 주변 사람들에게 미칠 영향에는 무감하며, 모든 판단을 물질적 이익의 척도에만 두는 것으로 생각한다. 그러나 이러한 관점은 스미스에게 용인되기 힘든데, 왜냐하면 그가 정치경제학 체계에서 분석하는 인간은 제어된 이기심, 즉 신중함을 갖는 사람이기 때문이다. 신중한 사람은 의심의 여지 없이 자기 이익을 추구하는 사람이지만, 동시에 정직하고 솔직하며 협력적이고 신뢰할 수 있는 사람이다. 따라서 그는 미시경제학 교과서의 주인공인 호모 이코노미쿠

스와는 거리가 아주 멀다.[2]

한 가지 예를 들어보기로 하자. 얼마 전 수도권 지역에 기록적인 폭우가 발생해 안타깝게도 적지 않은 인명과 재산 피해가 발생한 바 있다. 이처럼 자연 재해가 발생할 경우 시장에서는 특정 재화 수요가 폭증하면서 가격도 급상승하게 된다. 이 경우 상인들은 더 높은 이득을 취할 기회를 포착하고 긴급하게 수요되는 재화를(예컨대 생수와 라면 등) 신속하게 재해 지역으로 운반한다. 이러한 상인의 행위는 상인 자신은 물론이고 재해를 입은 사람에게도 이득을 가져다준다. 거래는 상인들의 이기적 동기로부터 발생한 것이지만, 재해지역 사람들의 필요에도 부응하는 것이므로 사람들은 칭찬까지는 하지 않는다 해도 상인들의 행동을 시인하고 승인한다. 신중한 사람이라면 이처럼 자신의 이익과 타인에 대한 도움이 동시에 실현될 기회를 놓치지 않을 것이다.

그런데 불행하게도 일부 상인들은 재해를 기회로 삼아 소비자

---

2   인간이 도덕적인 덕성을 갖추기 위해 요구되는 미덕은 "완전한 신중, 엄격한 정의, 적절한 자혜"이다. (『도덕감정론』, 451) (그리고 이것들 배후에서 이것들의 실행을 도와주는 자제심이다) 이러한 요소들이 일반규칙의 가장 중요한 구성 요소들이다. 정의와 신중은 모두 사회를 지탱하는 기둥들이지만 서로 상이한 영역에서 작동한다. 정의는 스미스 도덕철학 체계 내 법학 연구분야와 관련되는 반면, 신중은 역시 법학의 하위 분야에 해당하는 정치경제학 연구분야와 관련된다. 정치경제학의 연구 대상인 상업사회에서 가장 지배적인 인간 정념은 이기심이지만, 이 이기심은 제어된 이기심, 즉 신중함으로 해석하여야 한다.

에게 바가지를 씌우고 폭리를 취하기도 한다. 예를 들어 일부 모텔 주인들은 이번 폭우로 인해 집으로 귀가하지 못한 직장인들에게 하룻밤 숙박료로 무려 30만원의 가격을 요구하였다.[3] 이러한 행동은 자기 이익을 위해서라면 물불을 가리지 않는 호모 이코노미쿠스의 행동에 가깝다. 그러나 사람들은 이들의 바가지 행위를 시인하기를 거절한다. 사람들은 이웃의 불행을 자신의 돈벌이 기회로만 삼고 있는 상인들을 비난한다. 사람들은 상인들의 행동에 공감하지 않으며 그러한 행동이 일반규칙에도 반하는 것으로 간주한다. 이제 상인들의 이윤 추구 행위는 비도덕적인 것으로 낙인찍힌다. 앞서 신중한 사람의 경우와 동일한 이윤 추구 행위이지만, 이번 경우에는 사회적 승인이 이루어지지 않는다. 따라서 현실의 경우 이런 식으로 행동하는 사람들은 드물거나 있다고 해도 커다란 대가(사회적 비난)를 치러야 한다. 이러한 제재가 잘 작동한다면 시장에서 폭리와 바가지 행위가 광범위하게 발생하는 일이 억제될 것이다.

만일 우리가 이기심을 이처럼 계몽되고 제어된 형태로 이해한다면 우리는 소위 '아담 스미스 문제'(Das Adam Smith Problem)라고 불렸던 논쟁과 관련해 한 가지 답변을 얻게 된다. 19세기 후반 독일 학자들 사이에서는 스미스의 사상체계를 둘러싸고 논쟁이 벌어진 바 있다. 논쟁의 주된 주제는 스미스의 두 저작 『도덕감정

---

3   https://news.jtbc.co.kr/article/article.aspx?news_id=NB12070152

론』과『국부론』사이의 관계였다. 도덕을 다루는 전자에서 스미스는 인간의 감정들 간의 교감인 공감을 중시 여기는 반면, 정치경제학을 다루는 후자에서는 분업과 교환, 축적을 추동시키는 이기심을 강조하는 것으로 보였다. 따라서 많은 사람들은 이 두 저서 사이에 어떤 직접적 연관성이 없을 것이라는 견해를 가지게 되었다. 왜냐하면 전자의 공감(sympathy)은 긍정적인 감정으로서 자혜심(benevolence)으로 간주된 반면, 후자의 자애심(self-love)은 부정적인 감정으로서 강한 이기심(selfishness)으로 해석되었기 때문이다.

그러나 이후 스미스 체계에 대한 포괄적 연구와 텍스트들에 대한 상세한 독해를 통해 두 저작을 완전히 독립적인 저작들로 간주하고 공감과 이기심을 상호 배제적으로 이해하는 것은 스미스의 의도가 아니라는 점이 확인되기에 이르렀다. 앞서의 선입견이 타당한 것으로 입증되기 위해서는 공감은 오직 자혜로만 간주되고, 이기심은 언제나 자기 이익만 고집하는 것이어야 한다. 그리고 이 둘 사이에는 상호침투가 불가능한 구분과 경계가 있어야 한다. 그러나 이는 명백하게도 스미스에 대한 오독이다. 왜냐하면 공감과 이기심은 상호 배제적이라기보다 양립 가능한 관계이기 때문이다. 더 나아가 오히려 공감은 이기심이 작동하는 현실적 조건을 만들어낸다. 공감과 그로부터 발생하는 공평한 관찰자와 일반규칙이 벌거벗은 이기적 동기와 행위에 사회적 의복을 입히고, 따라서 이기심을 계몽하고 순화시킨다. 요컨대 공정한 관찰자가 자애를 제어한다. 스미스에 따르면 이러한 행위에 관한 일반준칙들이 습관적 반성에 의해 우리 마음 속에 정착하게 되면 이들은 특정한 상황에서 어떻게 하는 것이 타당하고 적정한가에 대해 우리의 자애가 제공하는 잘못된 시각을 교정하는데 대단히 크게 유용하게 작용한다. (『도덕감정론』, 297-298)

특히 대중적 선입견의 오류를 입증할 가장 유력한 증거는 다름 아닌 신중함이라는 미덕의 존재이다. 신중한 사람의 경우 그의 정념은 다면적이고 그의 행동은 복합적이다. 그는 재산의 길과 덕의 길을 동시에 따르기 때문에 공감과 이기심을 칼로 무 베듯 쉽게 자를 수 없다. 따라서 신중함이라는 미덕의 의의를 통해 우리는 기존 아담 스미스 문제에 대한 해결의 실마리 하나를 얻게 된다.

10장 부록 부드러운 상업 (Doux Commerce): 상업사회 도덕의 원천

18세기의 사상가들은 당시 한창 부상하고 있었던 상업사회의 정당성 문제를 둘러싸고 다양한 논쟁에 참가하였다. 이들은 상업사회가 가져다준 폐해와 성과에 대해 상이한 견해를 주고받았고 이 과정에서 상업사회의 대차대조표가 그려지게 되었다. 흥미로운 점은 상업사회의 동일한 측면을 앞에 두고도 논자들마다 상이한 평가가 내려졌다는 사실이다. 예를 들어 논쟁에서 드러난 상업사회의 가장 큰 폐단 가운데 하나는 이 새로운 사회 형태가 개인을 의존적 상태에 머물게 하고 여론에 휘둘리는 존재로 전락시킨다는 것이다. 그러나 일부 논자들의 눈에 비친 이러한 상업사회의 부정적 측면은 다른 논자들에게는 오히려 긍정적 측면으로 인식되었다. 각 개인의 생계가 타인에 의존하는 현실과 자신의 행동을 사회가 주목하고 있다는 자각은 오히려 상업사회의 새로운 도덕적 기반으로 여겨졌기 때문이다. 이제 여기서 그 논쟁을 잠시 살펴보기로 하자.

18세기 작가였던 맨더빌(Bernard de Mandeville)은 사회의 문명화 과정은 인간의 노예화 과정에 다름 아니라고 보았다. 문명사회에서 개인은 자신을 독립적 존재로 만드는 자유를 포기하고 대신 소위 세련된 취향, 사회적인 매너들, 규제적인 도덕을 수용한다. 그는 교육과 세뇌에 의해 길들여진 동물에 불과하다. 이제 그는 원래의 자기 자신이 되기보다 타인의 시선을 더욱 의식하게 되고, 유행에 민감해지며, 사회적 인정을 갈망하는 존재가 된다. 그로 인해 그는 부지불식간에 타인에게 손쉽게 기만당하거나 혹은 자신을 스스로 기만하게 된다.

역시 동시대 계몽 사상가였던 루소(Jean Jacques Rousseau) 역시 새로 등장하고 있던 상업사회에 대해 매우 비판적 입장을 취하였다. 그에 따르면 근대 사회는 '여론의 제국'(empire of opinion)으로 이 제국 안에서 개인은 자신의 의견보다 타인의 의견을 추종하는 것이 다반사이다. 만일 개인의 행동이 타인의 의견에 심하게 의존한다면 이제 그 개인의 행동은 실질적인 내적 필요와 자기 요청에 의해서가 아니라 자기과시라는 외향적 동기에서 일어나기 쉽다. 이 경우 상인들은 개인의 이러한 과시 욕구에 부응하고 영합하게 되며 그 결과 사기와 기만이 판치게 될 것이다.[4]

스미스는 이러한 비판을 일면 수용하면서도 동시에 이들 비판의 일면성을 비판하였다: 허영심과 자기기만은 도덕적 타락의 원천이 될 수 있지만 동시에 이러한 정념들이 사회성을 기반으로 하고 있다는 점에 주목할 필요가 있다. 스미스 체계에서 도덕의 원천은 인간들 사이의 사회성, 사교성이다. 개인들 사이의 감정의 교류나 의사소통은 도덕이 발생하는 주요한 토양이다. 개인은 언제나 타인의 시선과 견해를 의식하고 이러한 타인과의 관계 속에서 자신을 반추해본다. 이것이 바로 개인이 사회와 관련을 맺는 방법이다.

만약 한 개인이 자기 동류와 어떤 교류도 없이 어떤 고립된 장소에서 성인으로 성장할 수 있다면, 그는 자신의 얼굴의 아름다움과 추함과 마찬가지로 그 자신의 성격에 대해서도, 자신의 다양한 감정 및 행위의 적합성과 부적합성에 대해서도 그리고 자신의 마음의 아름다움과 추함에 대해서도 생각할 수 없을 것이다… 그러나 이 사람을 일단 사회 속에 데리고 오면 그는 곧 이전에 가지고 싶어했던 거울

---

4   본문의 맨더빌과 루소의 주장은 D. C. Rasmussen (2009)로부터 가져왔다.

을 제공받게 된다. (『도덕감정론』, 210)

여하튼 우리가 자기 자신의 아름다움과 추함에 대해 걱정하는 유일한 이유는 그것이 다른 사람들에게 어떤 영향을 주는가 하는 점에 있다는 것은 명백하다. 만약 우리가 사회를 떠나서 홀로 산다면 우리는 자신의 아름다움이나 추함에 대하여 전혀 무관심할 것이다. (『도덕감정론』, 212)

인간은 오직 관객이 있을 때에만 연기를 시작하는 무대 위의 배우와도 같다. 관객이 자신을 관찰한다는 의식이 있어야만 그는 진위와 미추를 구분하기 시작할 것이다. 이를 통해 타인은 자신의 행동을 비추는 거울이 된다. 거울의 이러한 반사적 혹은 반성적 기능이 인간사회에 윤리를 탄생시킨다.[5]

이러한 인간 행동의 원리는 특별히 상업사회에서 더 현저해질 가능성이 크다. 상업사회 이전의 단계들, 특히 수렵 채집 단계의 경우 야만인들은 자기의 감정을 억누르는 것에 익숙해져 있다. 이들은 거친 자연에 그대로 노출되어 있으므로 분투와 노고, 위험과

---

5 거울의 비유는 흄으로부터 기원한다. 『도덕감정론』 제3부 1장 첫 각주에서 스미스는 다음 내용의 흄의 『인성론』 제2부 2편 5를 참고하라고 제안한다. "인간들의 마음은 서로를 비추어 보는 거울이다. 왜냐하면 이 거울들은 각기 다른 사람들에게 감정들을 비추어 볼 뿐만 아니라 격정들, 감정들 및 의견들의 서광이 흔히 반사될 수 있기 때문이다."

투쟁에 익숙하다.

> 모든 야만인들은 일종의 스파르타식 훈련을 받아야 한다. 그리고 그들이 처해있는 상황의 필요에서 모든 종류의 고난에 익숙해져 있다. 즉, 그들은 흔히 극도의 기아를 겪으며, 흔히 단지 먹지 못해서 죽기도 한다. 그가 처한 환경은 그들로 하여금 모든 종류의 고난에 익숙하게 할 뿐 아니라, 그 고난이 야기하기 쉬운 어떤 격정에 대해서도 굴복하지 말도록 가르친다. 이런 점에서 연약하다는 점 때문에 그가 자신의 동포들로부터 어떠한 동감이나 관용을 기대할 수는 없다… 북아메리카의 미개인들은 어떤 일을 당해서도 완전히 무관심한 듯한 태도를 취하며 그리고 만약 그들이 어떤 점에서라도 애정이나, 비탄이나, 분개의 격정에 의해 압도된 듯이 보인다면, 그들 자신의 품위가 떨어진다고 생각한다. (『도덕감정론』, 386-387)

따라서 그들의 경우 성정이 거칠고 자기 인내력이 매우 큰 것이 오히려 야생적 환경에 부합한다. 이러한 상황에서 동감이나 관용이 발생할 여지는 거의 없다. 그들은 때때로 인간다움을 잃고, 예절을 모르며, 정의의 규칙 또한 알지 못한다.

그러나 상업에 기반한 문명사회에서는 이야기가 달라진다. 이곳에서는 공감과 젠틀함이 성공과 번영의 필수적 요건이다. 따라서 상업사회에서 개인들은 도덕적으로 행동해야만 경제적으로 성공할 수 있다. **도덕은 상업 의존적이 된다.**[6] 18세기 사상가들, 특히 프랑스의 사상가 몽테스키외는 이러한 현상을 **'부드러운 상업'**(Doux Commerce)이라고 불렀다. 부드러운 상업의 사례로 스미스가 제시한 것이 신중한 사람의 태도이다. 상업사회는 경쟁이 지배적인 사회이다. 경쟁 조건하에서 상인과 제조업자들은 신중함의 미덕, 즉 계약 준수, 성실함, 신용, 신뢰를 쌓아야지만 성공할 수 있다. 이들 미덕은 사업을 위해 필수적으로 요구되는 도덕적 요소들이다. 반면 경쟁적 조건이 성립되지 않고 개인이나 소수에게 지배력이 부여되는 경우(예를 들어 귀족들이나 독점 생산자의 경우) 이들은 굳이 신중함의 미덕을 따를 필요가 없다. 경쟁이 없으면 타인의 요구에 귀 기울이지 않으며, 그들의 수요에 부응할 필요가 없고, 자신에 대한 평판에도 관심을 갖지 않는다. 따라서 경쟁을 요구하는 상업사회에서는 신중함이라는 도덕이 우세하지만, 독점하에서는 이러한 도덕이 발 디딜 여지가 없다. 결과적으로 보자

---

6   도덕의 상업의존성은 흄의 논의에서도 두드러진다. "위대한 철학자와 정치가, 저명한 장군과 시인들을 낳는 시대는 곧 뛰어난 숙련의 직공들과 훌륭한 선박 제작 목수를 낳는 시대이다. 천문학을 무시하거나 윤리를 소홀히 하는 나라는 모직물 천 한 조각이라도 제대로 만들어내지 못한다. 이러한 정교한 기예가 발전할수록 사람들은 더 사교적이 된다." (N. Philipson, 2010, 143-144 재인용) 요컨대 흄의 경우에도 상업 및 제조업의 발전이 윤리적 개선을 낳는다.

면 상업사회는 도덕적 사회일 가능성이 높다.

오늘날 현대 경제학의 게임 이론에서는 이러한 결과와 효과를 **전래정리**(The Folk Theorem)로 설명한다. 분업이 광범위하게 발전하고 교환이 확대된다면 인간들 사이의 상호의존성이 심화될 것이다. 이는 다시 말해 타인과의 상호작용이 '매우 빈번하게' 발생할 것이라는 뜻이다.[7] 이러한 상황에서는 타인의 수요와 기대, 요구를 충족시켜주는 것이 나와 타인 모두에게 유리하다. 따라서 나는 타인과의 약속을 준수하여야 하고, 타인의 신뢰를 잃지 않기 위해 노력하여야 하며, 사회가 정해 놓은 정의의 규범을 지켜야 한다. 상호의존성의 심화와 타인과의 빈번한 상호작용은 자기의 장기 이익을 위해서라도 개인들이 도덕적으로 행동할 것을 요구한다. 이런 식의 이야기는 사실 새로운 것이 아니며 예전부터 전해내려오는 혹은 전래되는 삶의 지혜에 가깝다. (이는 전래정리라는 명칭의 기원을 설명해준다) 신중한 사람이란 이러한 삶의 지혜를 체득하고 따르는 사람을 말한다.

상업사회가 개인에게 요구하는 이러한 신중함의 미덕은 인간의 이기심, 자기 고려에 대한 보다 순화된 이해를 가능하게 한다. 스미스가 무제한의 이기심이나 완전한 자유방임을 주장했다

---

7   수인의 딜레마 게임에서 협력해가 선택되는 경우는 게임 플레이어들이 자주 빈번하게 게임에 참가하는 경우, 즉 반복 게임(repeated game)에 참가하는 경우이다.

애덤 스미스 『도덕감정론』 읽기

는 이야기는 진실과 거리가 멀다. 스미스는 약육강식의 정글 법칙에 대해 이야기한 적이 결코 없었다. '모든 이가 다른 모든 이에게 늑대로 행동하는(Homo homini lupus)' 정글의 법칙은 스미스 주장이 아니라 오히려 홉스(Thomas Hobbes)의 자연상태(The State of Nature)에 더 부합한다. 스미스가 생각한 상업사회는 '인정사정 없이 냉혹한(red in tooth and claw)'[8] 홉스적 자연상태가 아니라 신중한 인간들이 자기 이익을 고려하지만 동시에 정해진 정의 규칙 아래에서 공정하게 경쟁하는 사회인 것이다.

맨더빌이나 루소의 주장처럼 문명화 과정이나 상업사회의 도래는 분명 인간의 독립성을 상실하게 만드는 결과를 낳는다. 그러나 동시에 이 새로운 발전 단계에서 인간들 사이의 사회성은 새로운 도덕 체계를 등장시킨다. 기술과 학문, 분업과 교역이 발전하면 할수록 사람들은 더 사교적이 되는 경향이 존재하는데 이 사교성은 허영심의 배경이 되기도 하지만 동시에 도덕의 근원이 되기도 한다. 개인이 무절제하게 행동하거나 비도덕적으로 처신하는 것을 제한하고 규제하는 것은 "다른 사람이 자신을 어떻게 볼 것인가"라는 두려움이다. 이 두려움이 도덕의 씨앗이 된다. 신중한 사람은 이 도덕의 씨앗이 개화된 결과이다.

---

8   이 표현은 영국의 시인 테니슨(Alfred Tennyson)의 시 In Memoriam (1850)에 나오는 유명한 구절이다.

제11장

평온함과 활달함:
행복사회와 상업사회 사이의 근본 모순

어떤 사회가 좋은 사회인가? 이 질문에 대한 가장 보편적인 답변은 아마도 **행복한 사회**일 것이다. 그렇다면 지금 우리가 다루고 있는 상업사회는 과연 좋은 사회, 행복한 사회일까? 상업사회에 대한 논의에서 이 문제는 우리가 답하여야 할 또 다른 질문이기도 하다. 사실 이 질문은 우리가 앞서 제기하였던 18세기의 문제의 일부였다: 상업사회는 분업과 교환, 축적 덕택으로 분명 번영하는 사회이지만 우리는 이 사회를 과연 행복한 사회라고 볼 수 있는가?

이에 대한 답변을 구하기 위해 먼저 우리는 행복의 개념에 대해 다시 살펴볼 필요가 있다. 행복이란 어떤 상태를 말하는가? 만일 이 질문을 고대 그리스인들에게 물었다면 우리는 아주 생소한 답변을 듣게 될 것이다. 그리스인들은 대화나 명상 혹은 노동 등 특정 행위를 수행할 때 그에 깊이 몰입하여 탁월함을 얻는 순간 행복을 얻는다고 생각하였다. 이러한 행복감을 그리스인들은 에우데모니아(εὐδαιμονία)라고 명명하였는데 이는 물질적 쾌락과는 거리가 멀었다. 반면 오늘날 우리는 행복이 주로 물질적 생활 수준의 향상과 연관되어 있다고 여기는데 이러한 사고방식은 공리주의적 혹은 쾌락주의적 행복관에 기원한다.

스미스가 생각하는 행복 역시 우리와 달리 물질적 복지와는 거리가 멀었다. 그는 상업사회가 제공하는 풍요, 즉 더 많은 기호품과 사치품의 소비로 우리가 행복해진다고 믿지 않았다. 그가 생각하기에 행복의 원천은 다른 곳에 있었다.

> **행복은 마음의 평정과 향유**(tranquility and enjoyment) **가운데 있다.** 평정 없이는 향유할 수 없고 완전한 평정이 있는 곳에는 향유할 수 없는 것이란 있을 수 없다. (『도덕감정론』, 275)

어떤 사람이 행복한 상태에 있다는 것은 그가 끊임없는 외부로부터의 욕구와 자극에 의해 교란되거나 좌지우지되는 상태로부터 벗어난 경우이다. 마음의 평화가 없다면 이 세상 그 어떤 즐거움도 향유할 수 없다. 마음이 괴로울 때 어떠한 오락거리도 우리의 주의를 끌지 못하고, 어떠한 산해진미도 우리의 식욕을 자극하지 못한다. 마음의 평화, 평정, 고요함 이런 것들은 소비주의적 쾌락이 결코 줄 수 없는 정신적 만족감을 선사한다.[1] 그러나 여기

---

1 행복의 기원이 마음의 평정에 있다는 스미스의 관점은 고대 스토아 철학에 기인한 바 크다. 스토아 학파에 따르면 마음의 평정을 희생하여 얻어야 하는 그 어떤 공훈이나 재화, 재산도 이 세상에 존재하지 않는다. 스미스는 이러한 스토아 철학의 가르침에 깊이 공감하였다. 그러나 그럼에도 불구하고 스미스는 이들 철학자들과는 달리 마음 속 모든 열정이 완전

에 약간의 행운이 더해질 필요가 있다. 인간은 살아가면서 자신이 원치도 않는 질병이나 재난 또한 만나게 된다. 따라서 행복이 완성되기 위해서는 이러한 인간 삶의 변화무쌍함으로부터 약간의 보호가 필요하다. 요컨대 행복의 공식을 완성하기 위해서 행운이라는 항(項)이 추가로 필요하다. 평정, 향유, 행운 이런 것들이 행복을 구성하는 요소들이다.

만일 행복을 이렇게 본다면 행복의 정도는 물질적 재산의 소유 정도와는 비례하지 않게 된다. (이는 행복의 한 구성 요소인 행운만 두고 보더라도 명백한데 행운은 항상 맹목적이어서 부자와 빈자를 가리지 않기 때문이다) 따라서 결과적으로 부유한 사람이라고 해서 더 특별히 행복한 것은 아니다.

한가한 망상 속에서나 생각해볼 수 있는 가장 찬란하고 가장 의기양양한 상황에서 우리의 진정한 행복을 위해 기대하는 쾌락들은, 사실은 우리가 현실적으로 처해있는 초라한 지위에서 우리가 언제든지 손안에 넣을 수 있고 언제

히 꺼져버린 상태, 즉 냉담함(apathy) 혹은 세상사에 대한 철저한 무관심을 지지하지는 않았다. 그가 보기에 공감(sympathy)은 세상 사람들의 자연적 감정의 실존적 상태이므로 이를 인위적으로 억누르거나 없애버릴 수 없다. 국왕 앞에서도 햇볕을 가리지 말라고 청했던 디오게네스의 초연함이나, "인간의 삶은 이에 수반될 수 있는 많은 유익한 것들에도 불구하고 한낱 2펜스짜리 내기에 불과"(『도덕감정론』, 533-534)하다고 간주하는 철학자들의 기개를 일반 사람들에게 요구할 수는 없는 노릇이다.

든지 우리 마음대로 즐길 수 있는 그러한 쾌락들과 거의 언제나 같은 것이다. 허영과 경박이라는 쾌락을 제외하고는 가장 높은 지위가 제공할 수 있는 모든 쾌락을 우리는 개인의 자유만이 존재하는 가장 초라한 지위에서도 발견할 수 있을 것이다. (『도덕감정론』, 277)

그런데 부자만이 행복한 것이 아니라면 그리고 빈자도 행복을 누릴 여건을 갖는다면 왜 우리는 불행한 걸까? 그것은 참된 행복을 인식하거나 음미할 지혜와 여유가 부족하기 때문이다. 우리가 행복을 눈앞에 두고서도 그것을 누리지 못하는 이유를 설명하기 위해 스미스는 「에피루스 왕」의 에피소드를 제시하고 있다.

에피루스(Epirus) 국왕의 총애하는 신하가 국왕에게 말한 것은 인생의 일상의 모든 경우에 있어서 모든 사람들에게 그대로 적용될 수 있을 것이다. 국왕은 그 신하에게 자신이 예정하고 있는 모든 정복 계획들을 차례대로 설명해 주었는데 그 최후의 정복계획에 이르렀을 때 그 신하가 말했다. "그런 다음에 폐하께서는 무엇을 하실 작정이십니까?" 그러자 국왕이 대답했다. "그런 다음 나는 나의 친구들과 더불어 즐겁게 지낼 거야. 술을 마시면서 친구들과 사귀도록 노력할 거야…" 그 신하가 다시 물었다. "그러면 무엇이 폐하께서 지금 그렇게 하시는 것을 방해하고 있습니까?" (『도

덕감정론』, 276-277)

에피루스 국왕의 오류는 결국 행복으로 당장 향하는 길을 외면하고 불필요하게 엄청난 우회를 하고자 한다는 점이다. 그가 최종적으로 바라는 친구들과의 환담과 교류는 정복 전쟁과 상관없이 지금 당장 향유할 수 있는 것들이다. 행복은 늘 우리 곁에 있으며 우리가 손을 뻗으면 닿을 위치에 놓여 있지만, 우리는 그것을 찾기 위해 헛되이 탐험을 나선다. 이러한 교훈은 어린이 동화의 주된 단골 메뉴이기도 하다. 동화 『오즈의 마법사』에서 우리는 허수아비, 양철나무꾼, 사자가 자신들이 그토록 갈망하던 두뇌, 심장, 용기를 이미 가지고 있었으며, 여행과 모험은 단지 그것을 스스로 깨닫게 되는 과정에 불과하였음을 알게 된다. 여주인공 도로시조차도 이미 신고 있던 은색구두로 자신의 고향 캔사스로 돌아갈 수 있게 된다. 동화 『파랑새』에서도 두 남매 치르치르와 미치르는 행복을 가져다줄 파랑새를 찾기 위해 온갖 모험을 거치지만 결국 자기들이 원래 기르던 비둘기가 다름 아닌 그 파랑새라는 사실을 마지막에서야 깨닫게 된다. 동화를 통해 세상의 어린아이들은 다 알고 있는 이 단순한 진리를 어른들은 깨닫지 못하고 있다.[2] 항상 우리 옆에 있는 이 파랑새에 다가가는 것을 무엇이 방해

---

2   행복과 진리가 항상 어린아이에게만 보인다는 것은 성서에서도 가끔 언급된다. "지혜롭다는 자들과 슬기롭다는 자들에게는 이것을 감추시고 철

하는가?

우리는 이미 앞서 논의를 통해 허영심과 이기심, 야심과 탐욕은 사회적 존재로서의 인간 종이 갖는 고유한 본성이라고 강조하였다. 그런데 이러한 인간 정념들은 앞서 우리가 정의한 행복, 즉 평정과는 거리가 아주 멀다. 마음의 평화와 평정은 호수의 고요한 수면과도 같다. 그러나 야심과 탐욕은 그 호수가에 큰 돌덩이를 던질 때 생기는 커다란 파도이다. 허영심과 이기심이라는 정념의 쌍두마차는 언제나 우리의 삶을 동요와 요동 속으로 몰아넣는다. 그 결과 상업사회 안에서 우리의 삶은 언제나 유동적이고 불안정하다.

허영심과 이기심, 야심과 탐욕은 끊임없이 우리로 하여금 무언가를 찾고, 추구하고, 분투하도록 만든다. 그로 인해 이 세상 사람들은 "온갖 고생을 다하면서 야단법석을 떨"게(『도덕감정론』, 91) 된다. 또한 이 과정에서 더 많은 재화가 생산되고 더 많은 재화 소비가 부추겨진다. 이는 지칠 줄 모르는 과정이고 끝도 없는 과정이다. 사람들은 영원히 무거운 돌덩이를 산꼭대기로 힘들게 올려야하는 형벌에 처해진 시지프스와도 같다. 그는 끊임없이 정복하여도 여전히 새로운 대륙이 펼쳐지는 세계 정복자의 딜레마를 겪게된다[3]. 설사 허영심과 이기심이 문명의 진보를 가져왔다 해도 이

부지들에게는 드러내 보이시니…" (마태오 복음 11장 25절)

3   시지프스와 세계정복자의 비유는 K. 마르크스 『자본론 1(상)』 173쪽에서

애덤 스미스 『도덕감정론』 읽기

진보에 대해 우리가 치러야 할 대가는 적지 않다. 우리는 허영심을 만족시키고 이기심을 채우기 위해 가장 소중한 우리 마음의 평화를 희생시킨다. 그 결과 우리는 불행의 나락으로 떨어지게 된다.

사실 이 모든 과정은 문명사회 혹은 상업사회의 가장 근본적인 모순을 일깨워준다. 인간은 도덕적 이상의 목표로 그리고 행복한 삶의 조건으로 마음의 평안을 구하여야 한다. 그러나 이는 현실세계 인간에게 확실히 벅찬 과제인데, 왜냐하면 인간 종으로서 그는 끊임없이 분투하는 삶을 살도록 강요당하기 때문이다. 스미스가 『도덕감정론』에서 보여준 허영심 그리고 『국부론』에서 보여준 이기심이 우리 삶을 끊임없이 요동치게 만든다. 타인의 칭찬을 얻기 위한 야심과, 이기심으로 작동하는 분업 및 축적으로 인해 인간은 평정 안에서 살 수 없는 운명을 타고 났다. **마음의 내적 평화**(tranquility)**에 대한 절실한 요구와, 끊임없는 삶의 활동**(activity)**으로 인한 불안정한 상황**이야말로 상업사회에 내재하는 가장 근본적 모순이다.[4] 이러한 모순으로 인해 상업사회의 주민들은 행복해지기 어렵다. 내적 평안의 요구는 외적 활동이라는 현실에 의해 외면당하는 반면, 활발한 활동은 마음의 평정을 항구적으로 흩트리기 때문이다. 상업사회의 이러한 모순은 참된 행복인 평정을 찾는 과정에서 많은 장애를 안겨다 준다. 사람들이 허영심과 야심에

가져왔다.

4   상업사회의 이러한 모순은 K. Haakonssen (2002)의 논의를 따랐다.

젖어 있을수록 이기심과 탐욕에 빠져 있을수록, 행복은 더 요원해진다.

종합해 보면 상업사회는 끊임없이 인간의 허영심과 이기심을 불러내고 이들 정념들은 지속적으로 인간 삶에 풍파를 일으키며, 이러한 혼란과 혼동으로 행복의 향유는 점차 어려워진다. 다시 말해 상업사회는 그 사회의 고유한 모순으로 인해 결코 행복한 사회라고 볼 수 없다. 스미스 역시 이 점을 충분히 이해하고 있었고 그의 두 저작에서 이를 확인해 볼 수 있다. 그러나 그럼에도 불구하고 스미스는 최종적인 판단의 심급에서 상업사회가 그 이전의 어떤 사회보다 더 나은 혹은 더 좋은 사회라고 생각하였다. 그는 상업사회가 이 모든 혼란과 고생과 야단법석으로 인한 불행을 보상할 어떤 장점이 있다고 믿었다. 이제 스미스를 사로잡았던 그 장점들을 살펴보기로 하자.

제12장

최소한의 부 그리고 자유와 안전:

행복의 가능성

상업사회라는 이 놀라운 세계는 분명 행복한 사회라고 말하기에는 턱없이 부족하다. 상업사회는 끊임없이 허영심과 이기심, 탐욕을 조장하고, 항구적으로 불안정하고 유동적인 사회이다. 이 사회는 애정과 유대를 대신하여 여론과 교환으로만 작동하고 있다. 이 사회에서는 모두가 상인처럼 계산하고 결정한다. 비록 상업사회가 진보와 번영을 가져다주었다고는 하지만 이 사회의 행복 가능성은 거의 전무한 듯 보인다. 그러나 스미스에 따르면 아직 몇 가지 고려할 사항들이 남아 있다.[1]

최소한의 재산 스미스의 저서 『국부론』은 핀 공장 방문 이야기로 시작된다. 단지 분업의 도입으로 생산성이 어마어마하게 증대하였다는 사실은 스미스를 포함한 동시대인들에게 깊은 인상을 남겼다. 오늘날 분업은 이미 일상적이고 자연스러운 것이 되어 그 특별함이나 위력이 두드러지지 않지만 이 시기 분업은 세상의 판도를 뒤바꾸어놓은 거대한 혁신으로 인식되었다. 그러나 분업

---

[1]   상업사회에 관한 스미스의 대차대조표적 평가는 D. C. Rasmussen (2009)을 참고할 수 있다. 여기서 제시되는 기본적 논의 구도 역시 이를 따랐다.

에도 문제가 없었던 것이 아니다. 스미스는 분업의 도입으로 인간이 평생 특정한 직종이나 작업에 붙박이로 고정되고 결국 백치가 되는 것을 우려하였다.

> 그의 생활이 단조로워 변화가 없기 때문에 그는 자연히 용기도 잃게 되고, 불규칙적이고 불안정하며 모험적인 군인생활을 꺼리게 된다. 또한 육체의 활발한 활동이 불가능하며, 그때까지 그가 배워 온 직업 이외의 어떤 직업에서도 활기있고 참을성 있게 그의 힘을 발휘할 수 없게 된다. 그의 특수한 직무상의 기교는 지적, 사회적, 군사적 덕목을 희생해서 얻게 되는 것 같다. 발달한 모든 문명사회에서는 정부의 방지노력이 없는 한, 노동빈민 즉 대다수 국민들은 이런 상황에 필연적으로 빠지게 된다. (『국부론』(하), 272-273)

이러한 우려는 스미스와 같은 스코틀랜드 계몽학파의 일원이었던 퍼거슨(Adam Ferguson)에게서 그 기원을 찾아볼 수 있다. 그에 따르면 근면과 생산성을 위해 노동자는 무지 상태에 놓여 있어야 하고, 숙고와 상상력으로부터 벗어나 있어야 한다.

> 매뉴팩처에서는 집단적 노동자와 이를 통해 자본의 사회적 생산력을 풍부하게 하기 위해, 노동자의 개인적 생산력은 빈약하게 만들지 않으면 안 된다. "무지는 미신의 어

머니인 동시에 또 근면의 어머니다. 숙고와 상상은 과오를 범하기 쉽지만, 손이나 발을 움직이는 습관은 숙고나 상상과는 무관하다. 그러므로 매뉴팩처가 가장 번영하는 곳은, 인간이 거의 정신을 쓰지 않는 곳 그리고 작업장이… 인간을 그 부품으로 하는 기계로 여길 수 있는 곳이다."(A. 퍼거슨 『시민사회사』 280: K. 마르크스 『자본』 1(상), 491 재인용)

인간은 공감의 동물이며 공감을 위해 풍부한 상상력이 요구되지만 매뉴팩추어 작업장 내 분업은 인간 정신의 상상력과 자유분방함을 고갈시키고 억제한다. 따라서 분업에 내재한 치명적 부작용으로 분업이 약속하는 번영의 약속은 퇴색하는 듯 보였다. 분업과 그것의 확장인 축적이 정당화되기 위해서는 상업사회의 숨겨진 미덕과 성과가 더 발굴될 필요가 있었다. 그리고 여기서 스미스는 분업이 가져다주는 숨겨진 성과를 발견하게 된다.

앞서 이미 확인하였지만 스미스는 행복이 부나 재산과 비례하지 않는다고 보았다. 그럼에도 불구하고 그는 지혜롭고 신중한 인간이 자신의 삶을 올바르게 정립하기 위해서는 최소한의 재산이 필요 불가결하다고 보았다. 허영심과 과시욕에 들뜬 연약한 자들은 필요한 생계수단 수준을 넘어서도 계속해서 재산을 추구한다. 그러나 그들은 가난한 이의 아들처럼 결국에는 좌절하고 회한에 빠지게 된다. 반면 지혜롭고 신중한 이는 연약한 자와는 달리 자신의 기본적 생계가 충족되고 난 이후 남는 재산에 대해서는 별로 중요하게 생각하지 않는다. 그러나 이러한 지혜롭고 신중한 이들조차도 기본적 생계를 보장받지 못한다면 행복으로부터 멀어지게 된다. 오늘 당장의 끼니를 걱정해야 하는 사람에게 마음의 평정이란 사치에 불과하다. 따라서 그가 아무리 지혜롭고 신중한 사람이라 할지라도 자신의 생계 문제를 해결하고 나서야 비로소 행복의 문제에 관심을 가질 수 있게 된다.

분업과 축적, 생산성 증대와 경제 성장은 모든 인구에게 이러한 기본적 생계 문제를 해결할 수단을 마련해주고 따라서 사회 전체가 행복한 상태로 오를 수 있도록 디딤돌을 마련해준다. 그리고 이것이야말로 분업이 인간을 사유를 포기한 백치로 만들고 축적이 불평등을 증대시킴에도 불구하고 그것들을 추구할 가치가 있도록 만드는 것이다. 스미스의 경우 "**어느 사회라도 그 구성원의 대부분이 가난하고 비참하다면 번영하는 행복한 사회일 수 없다.**" (『국부론』(상), 102) 요컨대 사회 성원들을 가난과 비참으로부터 벗어나게 할 수 있게 하는 최소한의 부는 행복 자체는 아닐지라도 행복의 조건이 되며, 상업사회는 분업과 축적을 통해 이 조건을 성취하게 된다.

통치가 잘 되고 있는 사회에서 최하층의 국민까지도 전반적인 풍요로움을 누리게 되는 것은 분업의 결과 각종 생산물이 크게 증가하기 때문이다. 각 노동자는 자기 자신의 노동생산물을 대량으로 가지고 있어서 자신의 수요를 충족시킬 뿐 아니라 대량으로 내다 팔 수 있으며, 다른 노동자들도 그와 마찬가지 상태에 있으므로, 그는 자기 자신의 대량의 생산물을 타인의 생산물과 교환할 수 있고, 또는 같은 이야기이지만, 그 생산물의 등가품과 교환할 수 있다. 그는 타인이 필요로 하는 것을 풍부하게 공급하고, 타인은 그가 필요로 하는 것을 마찬가지로 풍부하게 공급하는데, 이리하여 전반적인 풍요가 사회의 모든 상이한 계층들에게 확산된다. (『국부론』, 14-15)

이러한 번영으로 인해 이제 영국의 빈자들은 아프리카의 왕보다 더 높은 생활수준을 향유할 수 있게 되었다. 상업사회의 개인들은 행복 그 자체를 얻은 것은 아니지만 행복으로 향하는 문 앞으로 더 다가설 수 있게 되었다.

자유와 안전 스미스의 역사 발전 단계 구분에서 수렵사회는 인류가 경험한 최초의 사회 형태였다. 수렵사회의 가장 큰 문제는 비참과 빈곤의 문제였지만 상업사회는 분업과 축적을 통해 '최소한의 부'를 성취하면서 이 문제를 해결하였다. 한편 수렵사회의 뒤를 이은 목축 및 농업사회의 경우 빈곤의 문제는 어느 정도 해결되었지만 또 다른 문제를 안게 된다. 다름 아닌 개인의 자유 문제이다. 목축 및 농업 단계에서 개인은 독재적 통치자나 공동체 그 자체에 예속된 존재였는데 여기에는 불가피한 이유가 존재했다. 아프리카 식민지를 관할하였던 어느 영국 관리의 경험이 이를 설명할 수 있는 것처럼 보인다. 1924년 영국 식민지 관리였던 로버트 래트레이 대위는 서아프리카의 대규모 농업사회였던 아칸족을 관찰하면서 이 종족의 속담 하나에 주목하게 되었다: "병아리가 홀로 떨어지면 매가 채간다."

    래트레이는 이 속담이 엄청난 불안과 잠재적인 폭력으로 형성된 아샨티 사회조직의 결정적인 측면을 잘 포착했다고 봤다… 아샨티 사회에서는 폭력에 대한 취약성과 폭력을 행사할 수 있는 이들에 대한 노출을 줄이는 각종 규범이 진화했다. 하지만 동시에 규범은 우리(cage)를 만들었다. 매로부터 보호를 받으려면 자유를 포기하고 다른 병아리들과 함께 서 있어야 한다… 만약 매를 피하고 싶다면 그들(추장이나 원로들: 인용자)의 보호가 필요하고 자기를 변호해 줄 다수의 사람들이 필요하므로 친족집단이나 혈통을 따라야 했다. 보호를 받는 사람은 '자발적 예속'(voluntary servitude)을 받아들인 것이다… 래트레이가 기록한 또 다른 아샨티 속담은 그들의 상황을 더 간명하게 요약했다. "너에게 주인이 없으면 짐승이 너를 잡아 갈 것이다." 자유롭다는 것은 매가 득실대는 곳에서 병아리가 되는 일이며, 야수의 먹이감이 되는 것과 다름이 없다. 그보다는 자발적 예속을 위해 정착하고 자유를 내놓는 편이 더 나았다. (D. 애쓰모글루 외, 2020, 63-68)

자유의 문제는 상업사회 이전 사회들이 해결하지 못하였던 또다른 문제였다. 거칠고 야생적인 자연으로부터, 외부의 다른 민족이나 종족의 침략으로부터 그리고 사회 내부의 범죄자와 말썽꾼들로부터 자신을 보호하고 안전을 구하기 위해 개인은 불가피하게 자신의 자유를 포기하고, 지배자의 권위에 순응하며, 상급자의 명령에 복종하여야 했다. 요컨대 개인은 자유와 안전 사이에 상충관계에 직면하게 되었다.[2]

상업사회는 역사상 최초로 이러한 상충관계를 해결한 사회였다. 상업사회에서는 그 누구도 자기 안전을 구하기 위해 자신의 자유를 포기할 필요가 없다. 상업사회는 개인을 규범의 우리 혹은 자발적 예속으로 빠뜨리지 않고서도 안전을 신장시키는 구조를 가지고 있다. 흥미롭게도 상업사회의 내재적 경향 가운데 하나인 허영심과 자기과시가 이러한 성취를 가능하게 만든다: 상업의 발전은 인간의 사치품 소비를 자극하며 이는 영주의 경우에도 예외

---

[2] 물론 개인의 자유에 관한 더 엄격한 기준을 도입한다면 상업사회 역시 여전히 만족스럽지 못할 수 있다. 예를 들어 서구의 사상가 에리히 프롬은 현대 사회, 즉 상업사회를 두고 다음과 같이 논평한 바 있다. "정신을 마비시키는 것은 권력이 불러일으키는 공포뿐만이 아니다. 권력을 쥔 자들의 은근한 약속, 복종을 대가로 '약한' 사람들을 보호하고 책임지겠다는 약속, 안심할 수 있도록 질서를 보장하고 개인에게 위치를 부여해서 불확실성과 자신에 대한 책임이라는 부담에서 벗어나게 해주겠다는 약속도 정신을 마비시킨다." (E. 프롬, 2023, 128-129) 상업사회적 자유의 한계에 관해서는 13장에서 다시 논의하기로 한다.

가 아니다. 그는 자신의 허영심을 충족시키기 위해 화폐를 필요로 하며 따라서 지대를 화폐 형태로 받기를 희망한다. 이 과정에서 그는 자신에게 의존하며 생계를 유지하는 사람들(가신과 농노들)을 돌보지 않게 되며 그들에 대한 책임감 역시 사라지게 된다. 가신단은 해체되고 농노들은 해방된다. 타인을 지배하고자 하는 욕구가 이제 자신의 부를 과시하려는 욕구로 대체된다. 다시 말해 **지배 욕구가 좀 더 무해한 허영심으로 대체된 것이다.** 그리고 이 과정에서 개인들의 자유는 결과적으로 증대된다.

상업사회에서 분업 및 교환이 발전해 나감에 따라 개인의 자유는 더 확장된다. 앞서 보았듯이 상업사회에서는 분업을 매개로 개인들 간의 상호의존성이 극도로 심화되는 사회이다. 개인은 자신의 생계를 유지하기 위해 불가피하게 타인에게 의존한다. **상호의존성의 보편적 확대는 곧 특정 개인에 대한 의존성의 소멸로 이어진다.** 왜냐하면 나는 분업 네트워크에 한 갈래를 각각 차지하는 타인들 모두에게 의존하는 것이지, 특정 개인에게 전적으로 의존하는 것은 아니기 때문이다. 역설적이게도 내가 타인들 모두에게 의존하면 할수록, 나의 독립성과 나의 자유는 더 증대한다. 따라서 상업사회는 개인의 자유를 증대시키는 사회이다.

인간의 자유는 스미스에게 대단히 중요한 삶의 지향 가운데 하나였는데, 왜냐하면 타인에 대한 종속이야말로 인간의 정신을 가장 효과적으로 타락시키는 원흉이었기 때문이다. 그에 따르면 "종속만큼 타락하게 쉽게 만들고 정신을 무기력하게 하며 기운을

빼앗는 것도 없다." (Lectures on Jurisprudence, 333) 그런데 상업사회의 경우 그 사회의 존립을 위해 요구되는 전제조건, 즉 상호의존성이 이 문제의 해결책이 되었다. 더군다나 상업사회 내 개인들 간의 관계를 규정하는 익명성 역시 개인의 자유 증진에 좋은 토양을 마련해준다. 상업사회에서 각 개인은 다른 개인과 오로지 거래를 통해서만 만나게 되며 거래의 상대방이 누구인지 그가 어떤 생각을 품고 있는지는 거래에 하등의 영향을 끼치지 않는다. 즉 모든 개인들은 자신이 누구인지를 밝힐 필요 없이 상업사회라는 게임에 참가한다.

> 나는 과일상을 개인적으로 모르므로, 그의 행복에는 아무런 특별한 관심도 없다. 그도 나에게 이러한 태도를 가진다. 그가 극심한 빈곤에 처해 있는지 부자인지 아니면 틈이 날 때 어디 있는지 나는 알지 못하며 알 필요도 없다… 그럼에도 불구하고 우리 둘은 교환을, 게다가 우리 모두 공정하다고 인정되는 교환을 신속하게 끝낼 수 있다… 양 당사자가 교환물과 관련된 재산권에 동의하기에, 우리는 효율적으로 교환물을 거래한다. (제임스 뷰캐넌: S. 보울스, H. 진티스, 1994, 213 재인용)

그런데 상업사회의 사회적 관계를 대변하는 **개인들의 이러한 익명성, 혹은 상호 무관심이야말로 개인의 자유에 긍정적 기여를**

하게 된다. 왜냐하면 시장 사회의 몰인격적 관계(impersonality)는 사회 내 개인을 정서적 관습적 혈통적 관계로부터 해방시키기 때문이다. 상업사회에서 개인은 시장계약적 의무를 제외한 모든 사회적 속박과 책임으로부터 자유로워진다. 상업사회가 비상업사회에 대해 갖는 이점은 상호 무관심을 상호 혜택으로, 익명성을 거래 이득으로 전환시키는 능력이다.[3]

비상업사회에서 나와 타인 사이의 사회적 관계는 공동체 관습이나 역사적 습관 그리고 지배계급의 무력에 의존하게 된다. 중세 사회의 경우 공동체 내 사회적 생산물의 거래관계는 부역과 공납의 형태를 띠는데 이들은 모두 관습, 습관 그리고 폭력이라는 사회적 관계에 기반을 두고 있다. 그러나 상업사회에서는 상황이 일변한다. 나와 타인 사이의 사회적 관계는 오직 노동을 통해서만 매개된다. 타인의 노동생산물을 얻기 위해 나는 오로지 나의 노동생산물을 타인에게 제공하여야 한다. 그리고 이를 위해 분업과 교환에 기꺼이 참가하여야 한다. 분업과 교환은 오직 자유롭고 독립적이며 시장에 의해서만 매개되는 사회적 관계를 통해서 가능하며, 이 경우 개인은 고루한 관습이나 폭력적 억압, 계급적 특권으로부터 해방되어 자유를 누리게 된다.

스미스가 『국부론』을 저술한 가장 중요한 동기 가운데 하나는 중상주의 비판이었으며 이는 다름 아니라 개인의 자유를 위한 투

---

3   이러한 논점은 D. 고티에(1993)를 따랐다.

쟁의 일환이었다. 이러한 관점에서 보았을 때 인간의 역사 가운데 1776년은 중요한 해인데, 왜냐하면 이 해에 미국의 『독립선언문』 과 스미스의 『국부론』이 동시에 출간되었기 때문이다. 이 문서와 저서는 자유를 향한 역사의 여정에서 중요한 초석이 되었는데, 전 자가 인간의 정치적 자유를 위한 투쟁의 계기였다면, 후자는 인간 의 경제적 자유를 위한 투쟁의 출발이기 때문이다.

사실 스미스의 삶 자체도 인간의 자유라는 비전의 실현을 위 한 이론적 분투의 삶으로 요약될 수 있다. 그는 중상주의 독점 및 절대왕정의 특권에 대한 투쟁 그리고 궁극적으로 인간의 자유를 향한 투쟁에서 언제나 이론적으로 앞장섰다. 그는 이러한 자유를 기반으로 삼을 경우에만 사회의 부 역시 비로소 증대할 수 있다 고 믿었다. 중상주의의 주장에 따르면 일국은 자신의 부를 증대시 키기 위해 상업 발전에 우선권을 두어야 한다. 반면 중농주의는 농업 발전에 주안점을 두어야 한다고 주장하였다. 그러나 스미스 는 이러한 우선권 혹은 주안점 그 자체를 폐지하고 사물이 자연 스러운 발전 방향으로 나가도록 허용될 때, 일국의 부는 가장 잘 증대된다고 보았다. 부의 증대에 가장 이상적인 이러한 상태를 그 는 **자연적 자유의 체계**(The System of Natural Liberty)라고 불렀다. 이 체계 아래에서는

모든 사람은 정의의 원칙을 위반하지 않는 한, 완전히 자유롭게 자기의 방식대로 자신의 이익을 추구할 수 있으

며, 자신의 근면·자본을 바탕으로 다른 누구와도(다른 어느 계급과도) 완전히 자유롭게 경쟁할 수 있다. 이렇게 되면 국왕은 사적 개인의 노동을 감독하고 그것을 사회 이익에 가장 적합한 직업으로 인도해야 하는 의무로부터 완전히 해방된다. (『국부론(하)』, 848)

상업사회가 가장 잘 발전할 수 있는 조건은 개인이 더 많은 자유를 누리는 조건과 일치한다. 자연적 자유의 체계는 사회의 번영과 개인의 자유를 연결시킨다.

오늘날 정치 지형 아래에서 개인의 자유를 강조하는 측은 보수주의 진영이며 따라서 스미스의 이러한 입장은 진보와는 거리가 먼 보수적 관점으로 간주된다. 그러나 우리는 어떤 사상을 이해하고자 할 때 그것의 현재성을 검토하기 전에, 먼저 그것이 등장한 역사적 배경이나 조건 아래에서 그 사상을 평가할 필요가 있다. 이 경우 종종 사상은 역사적 진보성을 체현할 수 있다. 스미스의 자연적 자유의 체계나 이로부터 귀결되는 개인 자유의 신장도 이에 해당한다. 이러한 스미스의 역사적 진보성이야말로 그의 사상의 급진성의 원천이다.

아담 스미스에게 시장은 계급과 불평등 그리고 특권을 제거하기 위한 탁월한 수단이었다. 최소한의 필요한 개입은 불가피하지만 그 이상의 국가 개입은 경쟁에 기초한 교환의 평등화 과정을 방해하고 독점과 보호주의 그리고 비효율성을 창출할 따름이다. 국가는 계급을 고무하는 반면, 시장은 잠재적으로 계급사회를 해체할 수 있다… 시장 자본주의를 열광적으로 찬양하는 자유주의 정치경제학자들의 태도는 오늘날 관점에서 보면 정당화되기 어려울지 모른다. 그러나 우리가 잊어서는 안될 것은 그들이 논박하고자 했던 현실은 국가가 절대주의적 특권과 중상주의적 보호주의 그리고 만연하는 부패를 옹호하고 있던 현실이었다는 점이다. 그들이 공격의 대상으로 삼았던 것은 자유와 기업가 정신이라는 그들의 이상을 극력 억압하고 있었던 통치체계였던 것이다. 그리하여 그들의 이론은 혁명의 이론이 되었고 이런 시각에서 보면 우리는 **아담 스미스가 때때로 칼 마르크스와 같은 맥락에서 읽히는 이유를 알 수 있게 된다.** (G. Esping-Andersen, 1990, 10)

상업사회가 개인의 자유를 증진시키는 것은 이제 분명해 보인다. 그렇다면 안전의 문제는 어떠한가? 공감으로부터 발전하여 등장한 도덕 질서 체계인 정의의 규칙 및 법률을 통해 상업사회에서는 법치가 도입된다. 한 개인의 자의적인 판단이나 결정이 아니라 사회 전체가 승인한 규칙을 통해 개인 행위에 대한 판단이 이루어지는 것이다. 이 과정에서 종속이 감소하고 자유가 신장될 뿐 아니라, 동시에 공포가 줄어들고 안전이 증대한다.

더군다나 도덕 질서의 축과 더불어 상업사회의 또 다른 축에 해당하는 분업과 교환도 개인의 안전을 증대시킨다. 분업과 교환은 상업과 공업을 발전시키고 이러한 경제적 발전은 개인의 독립성과 자립성을 증대시킨다. 그런데 개인이 자유를 얻고 독립하는 것이야말로 범죄율을 줄이고 사회 안전을 강화하는 최선의 방법이다. 따라서 상업사회는 개인의 자유는 물론이고 안전 역시 보장되는 사회이다.

> 그러므로 범죄를 방지하는 것은 치정(治政)이 아니라 타인에 의지해서 사는 사람 수를 줄이는 것이다. 종속만큼 인간을 타락시키는 것은 없으며 자립이야말로 인간의 정직을 함양하는 것이다. 상업과 공업을 육성하는 것이 바로 자립을 높이는 것이고 이것이 범죄 방지의 최선의 정치이다.
>
> (Lecture on Jurisprudence, 332-333),

요약하자면 설사 상업사회에서 인간은 분업으로 정신적·육체적으로 피폐해지고 결국은 아무런 소용이 없는 삶의 장난감들을 얻기 위해 불필요한 노고에 인생을 낭비하지만 이 과정에서 개인들에게 최소한의 부가 제공되며, 무엇보다도 자유와 안전이 보장된다. 이런 것들은 행복 그 자체는 아니지만 그럼에도 마음의 평화를 위한 중요한 전제조건들이다. 상업사회는 행복을 보장하지 않지만, (그리고 오히려 어떤 측면에서는 불행을 조장하지만) 역설적이게도 동일한 과정이 행복의 조건들을 창출한다.

제13장

상업사회라는 태피스트리:
애덤 스미스의 그랜드 비전

스미스의 두 저서에 대한 지금까지의 논의를 두고 볼 때, 이제 우리는 새로운 근대 문명에 대한 그의 그랜드한 비전을 어렴풋하게나마 떠올릴 수 있게 된다. 근대 유럽에서 새롭게 등장한 문명화된 사회는 그 실체가 상업사회로서 이 사회는 질서와 번영이 동시에 이루어지는 사회이다. 상업사회의 한 축으로서 공감은 〔공감 ⇒ 불편부당한 관찰자 ⇒ 일반규칙 ⇒ 법률 ⇒ **질서**〕라는 날줄에 해당하며, 또 다른 축인 이기심은 〔자애 ⇒ 분업 ⇒ 교환 ⇒ 축적 ⇒ **번영**〕라는 씨줄에 해당한다. 만일 이 두 줄이 서로 잘 호응하여 결어긋남이 없다면 상업사회는 질서와 번영이라는 두 성과를 동시에 성취하게 된다. 이로써 사회는 비로소 진보하게 된다. 그러나 두 줄 간의 결맞춤이 자동으로 완성되는 것은 아니다. 왜냐하면 번영은 질서를 무너뜨리고 질서는 번영을 억압하는 경향이 있기 때문이다. 따라서 결맞춤을 위해 또 다른 여분의 요소가 도입되어야 하는데 그것이 다름 아닌 신중함의 미덕이다. 신중함은 자기기만과 공정한 관찰자, 자혜심과 자애심, 일반규칙과 자본축적을 연결시켜주는 결맞춤자이다. 스미스는 상업사회 문명이 이러한 날줄과 씨줄이 서로 결맞추어 짜여진 거대한 태피스트리라고 생각하였다. 이 테피

스트리야말로 스미스가 근대사회의 상(象)을 그려내기 위해 구상한 원대한 구도라고 말할 수 있다.

만일 우리가 타임슬립을 통해 18세기의 스코틀랜드 에딘버러에 도착하였다고 상상해보자. 이제 우리는 스미스를 만나 그의 원대한 구도에 대해 직접 질문할 수 있게 된다.

질문자: 안녕하세요. 스미스 교수님. 저는 교수님을 뵙기 위해 21세기에서 온 사람입니다. 비록 시간이 흘렀지만 저희가 살고 있는 사회도 교수님께서 상업사회라고 규정하였던 사회와 크게 다르지 않은 사회입니다. 바로 그 상업사회와 관련해 교수님께 질문하고 싶은 게 있어요.

스미스: 18세기의 저희 세계에 오신 것을 환영합니다. 21세기에서 오신 손님이라니 정말 놀라운 일이로군요. 21세기의 사회도 지금과 같은 상업사회라구요? 그 역시 매우 흥미로운 일입니다. 그래, 어떤 것이 궁금한가요?

질문자: 상업사회는 기본적으로 경제적 번영에는 적합하지만 지나친 번영의 추구는 사회의 안정성을 위험에 빠뜨려 사회를 붕괴시키는 것은 아닌가 하는 의구심이 듭니다. 저희들은 이 문제를 18세기의 문제라고 명명하였습니다. 비록 18세기의 문제라고는 하지만 21세기에도 여전히 이 문제는 중요한 관심사입니다. 저희가 조사한 바로는 교수님께서 이 문제에 대해 많은 연구와 고민이 있으셨다고 해서

직접 의견을 들어보았으면 해서요.

스미스: 네, 맞습니다. 저는 저의 두 저서 『도덕감정론』과 『국부론』을 통해 이 문제에 답하고자 노력하였습니다. 많은 고심과 탐구 끝에 제가 내린 결론은 다음과 같습니다. 제가 생각하건대 인간은 무엇보다도 허영심과 자기기만에 빠진 존재입니다. 어느 개인이 사회의 성원인 이상 이러한 성향은 불가피합니다. 그러나 동시에 저는 이러한 인간 본성의 부정적 요인들 역시도 신이 창조한 세계에서는 어떤 중요한 기여를 한다고 믿습니다. 바로 인간의 이러한 허영심이 사회의 번영을 이끄는 중요한 자극이 되기 때문입니다. 다시 말해 허영심과 그로 인한 자기기만은 번영의 '수요'를 구성합니다. 사치품과 편의품에 대한 열광은 남에게 더 잘 보이고 과시하기 위해서인데 만일 그 과시욕이 사라진다면 많은 산업의 번영은 일거에 사라지게 됩니다.

질문자: 교수님의 말은 부정적 요소조차 시스템의 구성요소라는 이야기로 들립니다. 섭리가 작용하는 이 세계에서는 무엇 하나 쓸모없는 것이 없다는 것이로군요. 이 대목에서 교수님이 사용하신 '보이지 않는 손'이라는 표현이 떠오릅니다. 만일 허영심이 번영의 수요를 채워준다면 장차 번영을 공급하는 것은 무엇인가요?

스미스: 자신의 처지를 개선하려고 분투하는 인간의 이기심이 번영을 가져다주는 비결이지요. 시장 수요가 주어져

있다면 상품 생산자들은 다름 아닌 자신의 이익을 위해 소비자들에게 상품을 공급합니다. 여기 『국부론』의 한 구절을 제가 읽어드리고 싶군요. 아주 유명한 구절이지요. "우리가 매일 식사를 마련할 수 있는 것은 푸줏간 주인과 양조장 주인 그리고 빵집 주인의 자비심 때문이 아니라, 그들 자신의 이익을 위한 그들의 고려 때문이다. 우리는 그들의 자비심에 호소하지 않고 그들의 자기애에 호소하며, 그들에게 우리의 필요를 말하지 않고 그들 자신의 유리함을 말한다." (『국부론 (상)』, 19) 상업사회 성공의 가장 중요한 비결 가운데 하나는 모든 경제적 활동이 외부로부터의 강제나 강요에 의해서가 아니라 자기 처지를 개선하려는 자발적 요구로부터 나온다는 점이지요. 바로 이기심이 번영의 원동력입니다. 번영의 '공급'원이지요.

만일 각자가 자기 이해에 기반하여 자신의 이익을 위해 노력한다면 더 이상 국왕이나 관료들이 노동과 자본을 어디에 사용할지 일일이 지시 감독할 필요도 없어집니다. 그 누구보다도 자신이 자기의 이익을 가장 잘 알 것이므로 자기의 이익에 가장 부합하는 방향으로 자원을 사용하겠지요. 이 과정에서 앞서 이야기한 보이지 않는 손이 개인의 행동들을 사회적 선으로 인도하고요.

질문자: 그렇군요. 다시 교수님께 18세기의 문제를 상기시켜드릴까 합니다. 사회의 번영이 제어되지 않는다면 사회

는 노심융해 상태로 빠지지 않을런지요? 아, 죄송합니다. 노심융해라는 말을 교수님께서는 잘 모르실 터인데. 아무튼 사회가 내부로부터 녹아내리지 않을런지요?

스미스: 번영의 길이 언제나 그러한 내재적 위험을 안고 있다는 것도 분명한 사실입니다. 인간의 욕망이 제약되지 않을 때 사회는 자기 무게를 못 이겨 스스로 붕괴합니다. 이 점이 상업사회의 가장 큰 리스크입니다. 그러나 세상은 이 문제에 대해서도 별도의 해결책을 준비해두었습니다. 허영이나 이기심은 모두 인간의 정념들인데 이러한 정념들은 남으로부터의 인정 욕구에 기인합니다. 그런데 바로 그 동일한 인정 및 그 기반인 공감이 허영과 이기심을 규제할 또 다른 장치를 사람들에게 제공합니다. 저는 그것을 공정한 관찰자 혹은 불편부당한 관찰자라고 명명했습니다. 우리 마음 속 인간, 공정한 관찰자는 언제나 우리에게 지혜로운 도덕적 조언을 제공합니다. 아까 노심융해라고 했나요? 개인들이 의사결정과정에서 이 공정한 관찰자를 소환하여 그의 견해를 경청함으로써 사회는 노심융해되는 것을 피할 수 있습니다. 우리가 물질적 이익에 눈이 멀어 도덕적 타락의 위험에 직면하게 될 때 공정한 관찰자가 우리를 구원해줍니다. 그는 개인들에게 공정한 게임 규칙을 늘 상기시켜주며 그 덕분에 상업사회는 다시 질서를 회복하고 번영이 지속됩니다.

질문자: 교수님의 말을 듣고 보니 라이프니츠(Gottfried Wilhelm Leibniz) 박사님의 경구가 떠올라요. "최선의 세계에서는 만사가 최선의 상태에 있다." 교수님에 따르면 상업사회의 문제(허영심)의 근원(공감)이 다시 문제의 해결책(공정한 관찰자)이 된다는 이야기잖아요? 교수님은 우리가 지금 살고 있는 이 세상이 최선의 가능한 세상(the best of all possible worlds)이라는 말에 동의하시는지요?

스미스: 저는 결과적으로 그 말이 아주 틀리지는 않았다고 생각합니다. 결국 상업사회는 자신이 필요로 하는 것을 모두 스스로 조달하고 있으니까요. 그런 의미에서 상업사회는 최선의 가능한 사회는 아닐지라도 최소한 자기 충족적인 사회(self-sufficient society)라고는 말할 수 있을 듯하군요.

질문자: 교수님, 그래도 여전히 문제가 남아 있어요. 교수님 주장에 따르면 인간은 언제나 자기기만에 빠져 있는 연약한 존재인데 어떻게 그런 개인에게 높은 수준의 도덕적 판단을 기대할 수 있겠어요? 번영과 재산을 길을 좇다 보면 당연히 공정한 관찰자의 조언으로부터 멀어지지 않을까요?

스미스: 네, 참으로 중요한 지적입니다. 공정한 관찰자의 도입이 문제의 최종 해결책은 될 수 없지요. 아직 원이 완전히 닫힌 것이 아닙니다. 마지막 요소가 필요한데 그것을 통해 상업사회의 현실적 작동이 보장되어야 합니다. 저는 그 요소로 신중함이라는 미덕을 제안하였습니다. 신중함은 재산

의 길과 지혜의 길 모두에 걸쳐 있습니다. 재산을 얻기 위해서라도 신중한 판단이 필요하며 동시에 도덕적 결정을 위해서도 신중한 판단이 요구되기 때문입니다. 신중함은 번영과 질서를 서로 붙여주는 아교풀입니다. 현실에서 신중한 개인은 재산의 길을 걸으면서도 동시에 지혜의 길을 걷는 사람입니다. 바로 이들이 상업사회의 번영과 질서를 책임질 최후의 보루이지요.

질문자: 앞서 교수님께서는 상업사회가 자기충족적인 사회라고 말씀하셨는데 그러면 그 사회에 거주하고 있는 개인들도 그들의 삶에 만족하는 건가요? 상업사회의 개인들은 행복한 존재들인지요?

스미스: 결론부터 말씀드리자면 불행하게도 그렇지 못합니다. 행복한 사회란 어떤 사회일까요? 이 문제에 대한 답을 구하기 위해 『도덕감정론』의 한 구절을 읽어보겠습니다. "필요로 하는 도움이 사랑에서, 감사에서, 우정과 존경에서 서로 사이에 제공되는 곳, 그러한 사회는 번영하고 행복한 사회이다. 이러한 사회의 모든 구성원들은 사랑과 애정이란 기분 좋은 끈으로 묶여 있고 그리고 상호선행이라는 공동의 중심을 향해 끌려가고 있는 것이다." (『도덕감정론』, 162) 우리 모두 알고 있듯이 현실의 상업사회는 사랑, 감사, 우정, 존경, 이런 것들과는 거리가 멉니다.

또 행복한 사람은 어떤 사람인가요? 역시 다시 『도덕감정론』의 또 다른 한 구절을 읽어보겠습니다. "행복은 마음의 평정과 향유 가운데 있다. 평정 없이는 향유할 수 없고 완전환 평정이 있는 곳에 향유할 수 없는 것이란 있을 수 없다." (『도덕감정론』, 275) 저는 상업사회의 시민들이 평정과 향유를 즐기고 있다는 점을 믿을 수 없군요. 축적과 성장이 끊이지 않는 상업사회야말로 평정과는 거리가 멀테니까요.

질문자: 그렇다면 상업사회는 불행한 사회라는 말이시군요?

스미스: 선생께서 너무 앞서 나가시는군요. 확실히 상업사회의 시민들은 행복하다고 말할 수 없습니다. 그러나 행복의 문제와 관련해 우리가 한 가지 더 살펴야 할 것이 있습니다. 물질적 번영이 행복을 직접 보장하지 못하는 것은 사실이지만 비참한 가난은 행복을 아예 불가능하게 만듭니다. 이 둘의 차이를 이해하는 것이 중요합니다. 상업사회의 가장 큰 성과는 경제적 번영을 통해 대다수 시민들을 이 비참한 가난의 상태로부터 구했다는 점입니다. 상업사회는 사회의 대다수 주민들에게 직접 행복을 가져다주지 못했지만 대신 그들이 행복해질 수 있는 기본적 여건을 마련해주었습니다. 이것은 그 어떤 사회도 성취하지 못한 큰 업적이라고 말할 수 있습니다.

질문자: 그렇군요. 교수님의 설명을 직접 들어보니 18세기의 상업사회에 대한 교수님의 그랜드한 비전을 더 잘 파악할 수 있을 것 같습니다. 위대한 정신과의 대화와 교류는 언

제나 우리의 정신을 고양시키는군요. 오늘 교수님과의 대화가 매우 유익하였습니다. 감사드립니다.

비록 가상의 형식이지만 우리는 이 대화를 통해 근대 상업사회에 대한 그의 비전을 다시 한번 분명하게 확인할 수 있게 된다. 또한 대화 속 내용을 통해 스미스의 전체 체계에서 한 가지 중요한 점을 발견하게 된다. 그것은 인간의 정념 가운데 부정적인 허영심과 이기심조차도 상업사회의 그랜드 비전에 필수적 요소들이라는 점이다. 허영심은 공감, 즉 타인에게 승인받고 칭찬받고자 하는 열망이 타락한 형태인데, 그러나 이것이 없다면 문명의 발전은 요원하기 그지없을 것이다. 이기심 또한 자기만 고려하고 타인에 대해 무관심한 성향이지만, 역시 이것이 없다면 교환과 축적은 불가능하며 따라서 번영 역시 기대할 수 없다. 상업사회의 모든 정념들은 그것이 부정적인 것이라 할지라도 전체 체계에서 자신의 자리를 가지고 있다. 이 세계의 진보를 위해서라도 우리는 악인 연약함(허영심과 이기심)을 허용하여야 한다. 대신 악/연약함은 무한정 허용되는 것이 아니라 어떤 범위 내로 한정되어야 하며, 이러한 제약을 수행하는 것이 공정한 관찰자와 신중함이다. 인간은 허영심에 들떠 있고 이기적인 존재이지만(다시 말해 연약한 존재이지만) 다름 아닌 이러한 인간 정념이 물질적 번영을 가져오고, 지혜로움과 신중함은 이러한 번영에 질서를 부여한다. 결국 질서와 번영을 위해서는 선도 필요하고 악도 필요한 것이 현실이다.

상업사회의 기본 원리는 상호 의존성인데, 인간 의식 영역에서는 공감이, 물질적 삶의 영역에서는 분업 및 교환이 이 원리를 체현하고 있다. 어느 사회이든 사회의 유지를 위해서는 반드시 그 내부에 사회적 유대와 연결이 요구된다. 상업사회에서 이러한 요구는 먼저 감정의 차원에서는 상상력에 기반한 공감으로 실현된다. 인류는 시인과 거부라는 감정을 공유함으로써 동포애를 느낄 것이고 이것이 다시 사회를 유지시키는 접착제의 역할을 수행한다. 사회의 성원들은 상호 공감에 기초한 공통의 규범을 따르게 되고 이로써 사회는 분열하지 않고 결속된다. 한편 경제적 삶의 차원에서 이러한 연결은 교환으로 실현된다. 분업에 기반한 사회에서는 그 누구도 자신의 생계수단을 스스로 생산하는 법이 없다. 자신이 만든 노동 생산물들은 모두가 다른 누군가의 생계를 위해 만들어진 것이다. 이처럼 소비와 생산이 분리된 경우 교환이 유일하게 이 둘을 연결시키는 사회적 매개 고리이다. 따라서 공감과 교환은 유대와 연결의 상업사회적 형태라고 말할 수 있다.

공감과 교환은 또한 **사회적 승인**의 문제라고도 볼 수 있다. 『도덕감정론』에서는 사회적 인정의 문제가 곧 감정의 승인이라는 형태를 갖는다. 타인 행동에 대한 나의 공감은 과연 적절하고 타당한가? 타인은 나의 행동을 과연 승인하고 공감해 줄 것인가? 만일 나의 감정과 평균적인 타인의 감정이 불일치한다면 나의 감정은 사회적으로 수용되지 않을 것이며, 결국 나는 감정을 의미없이 낭비한 셈이다. 만일 나의 행동이 타인으로부터 공감을 얻지 못한다면 나의 행동은 사회적으로 불필요하거나 타인의 지탄의 대상이 될 것이다. 그 어느 경우에도 공감의 사회적 기준에 부합되지 못하고 그 결과 나는 사회적 연결을 잃게 될 것이다. 한편 『국부론』에서 사회적 인정의 문제는 교환가치의 승인 문제이다. 나는 타인을 위해 상품을 생산하였지만 그 상품이 시장에서 판매되지 않고 재고로 쌓여 있다고 생각해보자. 나의 의도는 실현되지 못하고 상품 생산에 쏟아 부은 나의 노고(toils and troubles)는 전혀 사회적 인정을 받지 못하게 된다. 내가 아무리 정성을 다하고 오랜 시간에 걸쳐 상품을 만들어냈다 해도 그 누구도 관심을 기울이지 않는다면 이제 나의 노동은 헛된 것이 된다. 이 경우 호혜성의 한 편은 완성되지 못하고 분업과 교환체계에서 나는 고립된다.

공감의 경우이든 교환의 경우이든 개인은 언제나 사회적 네트워크와 연결되어 있어야 하며 이를 위해 자신의 행위 및 성과는 타인 혹은 사회의 승인을 얻어야만 한다.

제14장

애덤 스미스의 현재성과 역사성

오늘날 대부분의 경제학자들은 시장 경제의 작동원리를 설명하기 위해 복잡한 수학을 사용한다. 그러나 스미스는 자신이 상업사회라고 불렀던 동일한 대상을 이해하기 위해 수학이 아닌 인간의 감정으로부터 출발하였다. 물론 그가 살고 있었던 시대의 제약으로 스미스는 상업사회 분석에 수학을 사용하지 못한 것이지만[1] 이는 결함이라기보다 오히려 축복에 가깝다. 왜냐하면 스미스의 분석은 복잡한 수학을 통해 얻을 수 있는 이해를 넘어선 통찰을 제공하기 때문이다. 이러한 그의 성과는 인간이 그의 분석의 출발점이기 때문에 가능했다.

그는 사회의 도덕과 법률, 정치와 경제의 근원을 파악하기 위해서는 '인간의 마음이 어떻게 작동하는가'라는 문제가 중요하다고 생각하였다. 그리하여 그는 사회의 기원을 설명하기 위해 마음과 정신의 수준까지 내려가게 되었다. 인간의 마음은 서로 상호작용 과정을 거치며 이로써 동감이 발생한다. 동감은 사회의 도덕

---

1   경제학에 수학적 기법과 형식이 도입된 것은 1870년대 한계혁명(Marginal Revolution) 이후의 일이다.

출현의 출발점이고 이 도덕의 규칙이 사회를 성립시키고 유지한다. 요컨대 기쁨, 분노, 슬픔 등 감정의 상호작용으로 사회 질서가 창출된다. 도덕은 전지전능한 신으로부터 나온 선물도 아니고, 선험적인 이성의 산물도 아니다. 그것은 인간의 감정에서 나온다.

이러한 결론에 도달하기 위해 당연히 그는 끊임없이 세상을 관찰하고 인간을 이해하며 사회를 분석하였다. 그는 이러한 관찰과 분석에 방해가 될 물질적 이해관계로부터 자유로웠고 당파적 이익에도 빠지지 않았다. 따라서 그는 세속에서 살며 세상사에 관심을 가졌지만, 동시에 그 흐름으로부터 벗어나 초연한 삶을 살았다. 그는 그 말의 참된 의미에서 **세속의 철학자**였다.[2]

어떤 의미에서 그는 언제나 인간사의 진정한 관객이었다. 그 역시 인간사와 관계를 맺고 살아가기는 했지만 항상 자신의 시야에 들어오는 모든 것들에 대해 공평한 분석과 평가를 내릴 수 있었다. (벤자민 A. 로지: 애덤 스미스, 1998, 6 재인용)

만일 상업사회를 하나의 개인으로 본다면 애덤 스미스 자신이야말로 상업사회의 가장 공정한 관찰자라고 볼 수 있다. 상업사회

---

2   '세속의 철학자(worldly philosopher)'라는 표현은 R. 하일브로너(2005)로부터 빌려왔다.

는 전례 없는 물질적 풍요를 선사했지만 이와 더불어 심각한 도덕적 비용 역시 초래하였다. 이전 사회에 비해 상업사회가 새롭게 성취한 여러 성과와 미덕에 대해 그는 정당한 점수를 매겼다. 동시에 상업사회가 초래한 새로운 모순과 사회문제에 대해서도 솔직하게 인정하였다. 이러한 공평무사한 그의 태도가 상업사회에 대한 공정한 평가를 가능하게 하였다.

*　　*　　*

인간은 개인으로서 스스로 자신의 삶의 길을 걸어야 한다. 인생은 한 권의 책을 읽는 것과 같은데 그 책은 오직 단 한 번만 읽을 수 있다. 어떻게 이 책을 읽을 것인가 하는 방법에 관해 당연히 개인은 고심할 수밖에 없다. 이 문제에 조언하고자 수많은 자기계발서가 차고 넘치도록 출간되었다. 다른 한편 개인은 사회적 동물이므로 불가피하게 다른 개인과의 관계에 참가하여야 한다. 그는 다른 이들과 협력하고 경쟁하며, 활동의 성과를 나누기도 하고 다투기도 한다. 그런데 이 과정에서 그는 자신과 타인의 결정 및 성과를 둘러싸고 조정과 배분이 요구된다는 것을 곧 깨닫게 된다. 이와 관련한 사회의 규범과 규칙이 마련되지 않는다면 사회는 그 성립조차 불가능하다. 이 문제를 다루기 위해 다양한 정치철학 및 법률 이론들이 등장하였다.

그런데 스미스는 『도덕감정론』에서 인간으로서 걸어야 할 바른 삶의 도리와 사회 전체의 질서와 규칙이 별개의 문제가 아니라고 주장한다. 그에게 **자기계발과 정치철학은 개별적 문제가 아니라 동일한 문제이다.** 개인은 지혜와 미덕을 갖춘 삶을 살아야 하고 동시에 이러한 지혜 및 미덕의 발전의 한 갈래가 사회의 일반규칙으로 등장한다. 더 나은 삶을 위한 성찰은 곧바로 더 나은 사회의 체계로 이어진다.

스미스 『도덕감정론』의 복합적 지위와 의미는 여기에 그치지 않는다. 이 저서를 읽으면서 종종 독자들은 **힐링이라는 다소 놀라운 체험을** 접하기도 한다. 인간의 마음에 관한 그의 논의는 불가피하게 실제 삶의 지침의 문제로 이어지고, 구체적인 상황 속에서 지혜롭고 신중한 인간이라면 취할 입장과 태도에 대한 조언으로 연결된다. 예를 들어 스미스는 역경에 처한 사람에게 다음과 같이 조언하고 위로한다.

> 당신은 역경에 처해있는가? 고독의 어둠 속에서 탄식하지 말고 당신의 친한 친구들의 관대한 동감에 맞추어 당신의 슬픔을 조정하지 말 것이며, 가능한 한 빨리 세상과 사회의 일광 속으로 돌아가라. 그리고는 낯선 사람들, 당신의 불행에 대해 아무것도 모르고 그것에 대해 아무런 관심도 없는 사람들과 함께 지내고, 적들과 사귀는 것조차 회피하지 말고, 당신의 적들로 하여금 당신이 당신의 재난에 얼마나 영향을 적게 받았는지, 얼마나 그것을 초월해 있는지를 느

끼도록 하고 당신의 불행을 보고 기뻐하는 그들의 악의에
굴욕을 안겨줌으로써 당신 스스로 기뻐하라. (『도덕감정론』,
284-285)

심리학자가 아니라 경제학자의 책을 읽으면서 마음의 위안을
얻는 것은 아주 이례적이고 독특한 경험이다. 경제학자의 글이 마
음의 평안을 주는 것은 스미스가 거의 유일무이하다.

*　　*　　*

상업사회의 질서와 번영 그리고 행복에 대한 분석에서 스미스
가 보여준 통찰력은 우리가 살고 있는 이 사회를 스스로 이해하
고자 하는 노력에 도움을 줄 수 있다. 스미스가 분석 대상으로 삼
았던 상업사회는 모든 경제적 거래가 분업과 교환에 기반해 있고
축적과 투자를 통해 성장이 이루어지는 사회이다. 그런데 현재 우
리가 살고 있는 자본주의 시장경제가 다름 아니라 이러한 원리에
기반해 있다. 따라서 상업사회에 대한 그의 추상적 모델은 오늘날
에도 여전히 유용한 통찰을 제공한다. 왜냐하면 상업사회에 대한
그의 분석은 인간의 마음이 움직이는 원리에 토대를 두기 때문이
다. 만일 경제적 메커니즘의 작동이 인간의 감정과 정념에 기초하
고 이러한 감정과 정념이 시간이 지난다 해도 쉽게 변하지 않는
다면 스미스 분석은 여전히 생명력을 가질 수 있다. 결국 18세기

영국 사회이든, 21세기 한국 사회이든 그것이 상업사회라면 근본적으로는 동일한 원리에 따라 작동할 것이다.

바로 이러한 이유로 18세기의 문제를 둘러싼 당시의 논쟁은 21세기인 오늘날에도 여전히 유효한 측면이 있다. 지금도 계속해서 개인들은 자신들의 행동이 타인의 눈에 어떻게 비추어질 것인가에 관해 지대한 관심을 갖는다. (오늘날 많은 사람들이 페이스북이나 트위터의 자기 계정 관리에 많은 시간을 쏟아붓는다) 또한 지금도 사람들은 허영심과 자기기만에 빠져있고 소비주의에 탐닉하며 부와 지위를 추구한다. (많은 사람들이 더 넓은 평수의 아파트와 더 고가의 승용차를 가질수록 더 행복해질 것이라고 생각한다) 그리고 지금도 이기심과 탐욕은 축적과 번영의 가장 큰 원동력이다. (사람들은 우리 사회 체제가 가져온 모든 성과가 예외없이 경쟁에 기초해 있으며, 경쟁은 오직 이기적 동기를 통해서만 작동한다고 믿는다) 한편 우리는 전례 없는 경제적 번영과 진보에도 불구하고 지금도 여전히 행복하지 못하다고 느낀다. (자신의 부모 세대에 비해 확실히 더 부유해졌지만, 사람들은 자신들의 삶이 더 빡빡해지고 처지가 더욱 악화되었다고 여긴다)

그러나 스미스 사상에 좀 더 균형 잡힌 그리고 공정한 평가를 위해서는 이러한 스미스의 현재성과 더불어 스미스의 한계 혹은 역사성 또한 지적할 필요가 있다. 스미스의 사상이 18세기 새롭게 등장한 근대사회의 성격과 특징을 밝히는 데 큰 기여를 하였다는 점은 부정할 수 없지만 그럼에도 우리는 그의 사상이 갖는 한계와 공백, 결함과 모순을 지적해 볼 수 있고 이 또한 우리가 스미스로부터 얻을 수 있는 교훈 가운데 하나라고 볼 수 있다.

재분배의 문제 오늘날 많은 사람들은 스미스를 신자유주의의 시조라고 생각하고 따라서 그는 빈곤이나 불평등 문제에 대해서는 외면했을 것이라고 단정짓는 경향이 있다. 그러나 이것만큼 스미스를 왜곡하는 것도 없을 것이다. 스미스 자신은 사회의 성원들이 비참과 빈곤에 빠져 있는 사회는 결코 행복한 사회가 될 수 없다고 힘주어 주장하였다. 예를 들어 그의 다음과 같은 언급은 상업사회에서 노동자의 불리한 처지와 어려운 삶을 명시적으로 언급하고 있다.

> 서로를 부양하는 10,000가족들 중에서 아마 100가족은 전혀 노동하지 않으며 공동의 부양을 위해 아무 일도 하지 않을 것이다. 다른 가족들은 자기 자신들과 나란히 그들을 부양하며 그리고… 전혀 일하지 않는 사람들보다 훨씬 적은 몫의 안락과 편리와 풍요를 얻는다. 그저 몇 마디 지시만을 내리고 아무 일도 하지 않는 부유하고 풍족한 상인은 … 모든 거래를 성사시키는 자신의 점원들보다… 훨씬 더 좋은 형편과 사치와 안락 속에서 산다. 그들의 한계를 제외하면 그 점원들 역시 자신의 노동으로 이 필수품을 제공하는 기술공의 상태보다 훨씬 더 안락하고 풍족한 상태에 있다. 이 사람의 노동도 그런대로 참을만 하다. 그는 가혹한 날씨로부터 보호해주는 지붕 아래에서 일하고 있으며 만

약 그를 빈곤한 노동자와 비교한다면 그는 전혀 불편하지 않게 자신의 생계를 잇는다. 빈곤한 노동자는 토질 및 계절과 싸워야 하며 날씨의 가혹함과 동시에 가장 힘겨운 노동을 끊임없이 접하고 있다. 따라서 사회의 전체 골격을 지탱하고 다른 모든 사람의 편리와 안락을 위한 수단을 제공하는 그 자신은 매우 보잘것없는 몫을 차지하며 어둑한 곳에 묻혀 있다. 그는 자신의 어깨로 전 인류를 떠받치며 그 무거운 짐을 다 떠받칠 수 없는 그는 그것의 무게에 의해 가라앉아 지구의 가장 낮은 부분으로 밀어 넣어진다. (Lectures on Jurisprudence, 341)

상업사회에서는 상인 및 제조업자들(이들은 오늘날 기업가들의 선조이다)과 노동자들 사이에 힘의 구조적 불균형이 존재하며, 이로 인해 항상 노동자가 불리한 처지에 놓이게 될 것이라는 점 또한 스미스는 잘 알고 있었다. 아래 인용은 스미스의 이러한 인식을 잘 보여주는 사례로 다소 길지만 찬찬히 살펴볼 가치가 있다.

고용주들은 수적으로 더 적기 때문에 훨씬 더 쉽게 연합할 수 있으며, 또한 법률과 정부기관은 고용주들의 연합은 인정해 주거나 적어도 금지하지 않지만, 노동자들의 단합은 금지하고 있다. 노동의 가격을 낮추기 위해 〔고용주들이〕 연합하는 것을 반대하는 의회 법률은 하나도 없지만,

애덤 스미스 『도덕감정론』 읽기

노동의 가격을 올리기 위해 〔노동자들이〕 단합하는 것을 반대하는 의회 법률은 많이 있다. 이러한 모든 쟁의에서 고용주들은 훨씬 오랫동안 견딜 수 있다. 토지소유자·차지농업자·공장주·상인들은 노동자를 한 사람도 고용하지 않더라도 이미 가지고 있는 자본으로 한두해 동안은 살아갈 수 있다. 그러나 노동자들은 직업을 가지지 않는다면, 1주간을 버틸 사람이 많지 않고, 한달간 버틸 사람은 거의 없고, 한해 동안 버틸 사람은 아무도 없다. 장기적으로 보면 노동자가 고용주를 필요로 하는 것과 마찬가지로 고용주도 노동자를 필요로 할 것이지만, 그 필요성은 노동자가 고용주를 필요로 하는 것만큼 직접적인 것은 아니다.

노동자들의 단합에 관해서는 자주 듣게 되지만 고용주들의 연합에 관해서는 거의 듣지 못한다고 사람들은 말한다. 이 때문에 고용주들의 연합은 매우 드물다고 생각하는 사람이 있다면, 그는 진상을 알지 못할 뿐만 아니라 세상 물정을 잘 모르는 사람이다. 고용주들은 노동임금을 현재의 수준 이상으로 올리지 않기 위해서 언제 어디서나 일종의 암묵적인, 그러면서도 한결같은 연합을 지속적으로 맺고 있다. 이 연합을 위반하는 것은 어디에서나 매우 인기없는 행동이며, 이웃사람들과 동료들로부터 비난받을 행동이다. 우리는 사실상 이러한 연합에 대해 거의 듣지 못하는데, 그 이유는 이 연합이 아무도 주의하지 않는 평소의 그리고 자연스런 상태이기 때문이다. 고용주들도 때로는 노동임금을 현재의 수준 이하로 낮추기 위해서 특별한 연합을 결성한다. 고용주들의 이 연합은 항상 매우 조용히 비밀스럽게 진행되므로, 그것이 실행으로 옮겨져서, 때때로 그런 것처럼, 노동자들이 저항의 필요성을 절감하면서도 아무런 저항도 하지 못하고 굴복하고 말 때까지, 다른 사람들은 고용주들의 연합에 대해 아무것도 들을 수 없다. 그러나 이러한 고용주들의 연합행동은 자주 그에 대항하는 노동자들의 방어적 단합에 의해 저항을 받는다. 노동자들은 때때로 이러한 도전이 없더라도 노동의 가격을 올리기 위해 자발적으로 단합한다. 그들이 보통 말하는 단합의 이유는, 때로는 식료품 값이 올랐다든가, 때로는 고용주들이 자기들의 노동으로부터 큰 이윤을 얻고 있다는 것 등이다. 그러나 그들의 단합은, 공격적인 것이든 방어적인 것이든, 항상 세상의 이목을 끈다. 왜냐하면, 문제를 신속하게 해결하기 위해서 노동자들은 언제나 큰 소리로 소란을 피우고, 때로는 매우 놀라운 폭행과 폭력을 사용하기 때문이다. 그들은 절망하고 그리고 절망적인 사람처럼 온갖 황당하고 제멋대로인 행동을 하는데, 그 이유는, 그들은 고용주를 위협해서 자기들의 요구를 곧바로 받아들이도록 하거나 아니면 굶어죽기 때문이다. 이런 경우, 고용주들도 노동자들을 향해 큰소리를 지르고, 치안판사의 도움을 끊임없이 소리높여 요구하고, 하

인·노동자·직인〔도제와 장인 사이에 있는 등급〕의 단합에 대해
엄한 현행 법률의 엄격한 집행을 소리높여 요구한다. 이리
하여 노동자들은 이 소란스러운 단합의 폭력행사로부터 거
의 아무런 이익도 얻지 못하는데, 부분적으로는 치안판사
의 개입 때문에, 부분적으로는 고용주들의 뛰어난 침착함
때문에 그리고 부분적으로는 대부분의 노동자들이 당장의
생존을 위해 굴복할 수밖에 없는 필연성 등 때문에, 이러한
폭력행사는 주모자의 처벌과 파멸 이외에는 아무것도 얻지
못하고 끝나고 마는 것이 보통이다. (『국부론』, 87-89)

상업사회가 정해놓은 게임의 규칙은 노동자에게 너무 불리해
서 스미스는 자기도 모르게 이들 노동자들에게 연민의 정까지 보
여주었다. 오늘날 우리들도 이러한 불평등한 게임규칙을 가끔 깨
닫게 되는데 예를 들어 얼마 전 대우조선 하청 노동자 파업의 사
례는 그 가운데 하나이다.[3]

그러나 스미스는 결국 상업사회의 이러한 모순점과 문제점에
도 불구하고 이 사회의 정당성을 최종적으로 승인하였다. 왜냐하
면 앞서 언급한 바대로 그의 생각에 따르면 상업사회는 사회 성
원들 대부분에게 최소한의 부를 제공할 가능성이 다른 어느 사회
보다 높았기 때문이다. 유럽의 가난한 농부들이 아프리카의 왕보

---

3   https://h21.hani.co.kr/arti/society/society_general/52485.html

다 더 부유하다는 그의 말을 다시 한번 상기할 필요가 있다. 그러나 스미스의 이러한 위안에도 불구하고 이후 현실의 역사를 목도한 많은 사람들은 상업사회의 풍요가 하층민들에게까지 제대로 확산되지 못하고 있다는 점에 커다란 우려를 표시하였다. 그들의 눈에 비추어진 현실에 따르면 상업사회는 분명 전례 없는 번영을 가져왔지만 동시에 전례 없는 사회적 빈곤 역시 초래하였다. 19세기 북미의 한 관찰자는 사회의 진보가 빈곤을 줄이기는커녕 오히려 빈곤을 더 증대시킨다는 놀라운 사실을 지적하였다. 이 관찰자에 따르면 유럽의 가난한 농부들은 글자 뜻 그대로 여전히 가난한 처지에 놓여 있다.

> 현재의 극빈층이 과거 한 세기 전에는 최부유층도 얻지 못했던 것을 누린다는 점은 사실이지만, 생활의 필수물자를 획득하는 능력이 증가하지 않는 한, 이를 상태의 개선이라 할 수 없다. 대도시의 거지는 벽지의 농민이 못 가지는 것을 누릴 수 있지만, 그렇다고 해서 거지의 처지가 독립농민보다 낫다고 할 수 없다. (H. 조지, 2016, 32)

오늘날 불평등의 문제는 시간이 경과하면서 완화되고 해결되는 추세가 아니라 오히려 심화되고 악화되고 있다. 현재 우리 사회는 사회적 차별과 경제적 불평등이 초래한 심각한 문제를 그대로 떠안고 있다. 차별로 인해 우리는 이미 가지고 있는 인적자원조차 제대로 활용하지 못하고 있다. 오늘날 가난한 청소부나 비정규직 노동자 가계에서 태어난 '아인슈타인'들은 학문의 발전과 사회의 진보에 기여할 기회조차 얻지 못한다. 또한 불평등으로 인해 우리는 그렇지 않았더라면 활용할 수 있었던 사회적 협력과 신뢰라는 자원마저 상실하고 있다. 심각한 자연재해나 경제위기가 도래할 경우 사회가 이를 극복하기 위해서 모든 성원들이 서로 합심하고 협력하는 것이 필수적이지만 지금과 같은 불평등한 상황에서는 이를 기대하기 힘들다. 오늘날 많은 사람들은 기후 변화와 더불어 사회적 차별과 경제적 불평등을 우리 문명의 가장 심각한 취약성으로 간주하고 있는데 이는 전혀 과장이 아니다.

결국 오늘날의 경우 불평등과 사회적 빈곤에 대한 스미스의 시각을 그대로 연장하여 수용할 수 없는 지경에 이르렀다. 경제적 빈자에 대한 그의 애정이 아무리 크다 할지라도 사회적 약자에 대한 그의 우려가 아무리 진지하다 할지라도, 근대 사회의 아킬레스 건인 사회적 불평등 문제에 대한 그의 입장 및 정책은 제한적이고 소극적이라고밖에 말할 수 없다. 바로 이 점이 스미스의 사고 방식과 정책을 오늘날 글자 뜻 그대로 가져와 적용할 수 없는 이유이다. 개인의 선의에 의존하는 자혜나 자선만으로는 오늘날 만연한 사회적 불평등 문제를 해결할 수 없다. 따라서 자연적 자유의 체계는 의식적인 재분배 정책으로 보완되거나 대체되어야 한다. 이제 우리는 경제적 평등을 정의의 규칙의 범주 안에 포함시킬 필요가 있다. (오늘날 활발히 논의되고 있는 경제민주주의 어젠다

와 정책들이 이에 해당한다고 볼 수 있다)

자유의 문제 분업이 심화될수록 시장거래가 유일한 사회적 관계가 될수록, 사람들 사이의 상호의존성이 심화되고 이로써 각자는 다른 모든 이들에게 종속되지만, 그럼에도 특정한 개인에게 종속되는 일은 사라지게 된다. 모든 개인들이 각자 자신의 처지를 개선하기 위해 온 힘을 다할 것이므로 모든 개선의 기회는 다 활용될 것이고 따라서 개인들 간에는 일종의 균형 상태가 등장한다. 이러한 균형 아래에서는 어떤 개인도 타인의 행동을 좌지우지할 수 없게 된다. 강제를 대신하여 수요와 공급이 사람들을 지배한다. "누가 그렇게 시키는 것이 아니라 누구도 어떻게 할 수 없는 상황이 그렇게 시키기 때문이다."(H. 조지, 2016, 358) 스미스는 상업사회가 정상적으로 기능한다면 정확히 이러한 상태에 놓이게 될 것이라고 생각하였다.

이러한 힘의 균형이 의미하는 바를 이해하기 위해 99마리의 양이 있는 방안에 이리 한 마리가 들어갔다고 상상해보자. 이 경우 우리는 무슨 일이 벌어질지 쉽게 짐작할 수 있다. 방안은 이리의 사냥으로 온통 피로 얼룩지게 될 것이고 오직 이리만이 남게 된다. 그러나 만일 그 방안에 99마리의 이리가 있고 다시 이리 한 마리가 추가로 들어간다고 생각해보자. 이제 무슨 일이 벌어질까? 답은 '아무 일도 벌어지지 않는다'이다. 각각의 이리들은 서

애덤 스미스 『도덕감정론』 읽기

로를 견제하고 감시할 것이므로 일종의 힘의 균형이 발생한다.[4] 상업사회에서 개인들의 관계 역시 마찬가지이다. 각 개인은 타인과 동등한 지위를 가지고 분업과 교환 체계에 참가하고 따라서 그 어떤 개인도 다른 개인이나 집단을 지배하거나 종속시킬 수 없다. 만일 개인들을 지배하는 힘이 있다면 그것은 비인격적인 시장의 힘뿐이다. 스미스가 보기에 이것이야말로 상업사회의 자유의 비결이었다.

오늘날 우리는 그 어떤 인신적 속박이나 인격적 제한을 받지 않고 '자유롭게' 살아간다. 이제 우리는 그 누구의 간섭도 받지 않고 자신의 거주지를 이전할 수 있고 자유롭게 직업을 선택할 수 있다. 어느 개인이 자기 인생의 목적을 정하는 데 자신을 제외한 그 누구도 개입하거나 영향력을 행사할 수 없다. 그러나 다른 한편으로 오늘날 현대 사회에서는, 경제적 불평등과 사회적 빈곤이 스미스 시대와는 전혀 다른 차원으로 등장해 심각한 문제를 야기하듯이, 개인의 자유 문제 또한 새로운 차원을 가지게 되었다.

오늘날 우리는 경제적 번영을 위해 자유시장 체제와 대기업 제도를 수용하지만 이러한 사회제도들은 사람들 사이에 쾌락주의적 소비주의를 조장하고 광고에 의한 심리 조작을 허용하게 만든다. 이러한 비즈니스 관행들은 특정 브랜드에 대한 소비자들의

---

4   시장 균형을 이이제이(以夷制夷)의 형태로 이해한 것은 A. O. Hirshman (1982)에서 찾아볼 수 있다.

충성도를 인위적으로 높이는 결과를 가져오는데 이는 아무리 좋게 보아도 자유와는 거리가 멀다. 자유란 인간의 내부로부터 흘러나오는 의지의 표출이지 외부에서 계획된 내용이 주입되어 행동을 강요하는 것은 아니기 때문이다. 오늘날 대기업은 애써 소비자의 선호를 예측하는 대신, 제품 광고와 이미지 조작을 통해 소비자의 취향을 구성하고 형성한다. 따라서 오늘날 시장에서 소비자 주권(consumer sovereign)이란 사실상 통용되지 않는다.

도대체 아직도 '고객은 왕' 따위의 구호를 믿는 자가 있을까? 기업들이 굽실거리며 소비자의 취향과 수요에 맞춰 생산 공급을 한다고?… "잠깨! 기업은 자기네들의 공급에 맞춰 수요를 주무르려 드는 거야!"… 인간은 필요(needs)와 욕구(wants)를 구분해야 한다. 당신은 알프스 우유를 욕구하는 것이지 필요로 하는 것은 아니다. 당신이 필요로 하는 것은 그냥 우유일 뿐이다. 욕구는 필요보다 훨씬 덜 중요하다. 필요는 당신의 내부에서 생겨나지만 욕구는 외부에서 주입되는 것이다… 당신은 어찌하여 알프스 우유를 갈망하게 되었는가? 매디슨 가의 광고쟁이들 때문이다. 알프스의 푸른 초원과 평화로운 젖소 떼, 아름다운 소치기 소녀가 등장하는 텔레비전 광고 탓이다. "광고와 판매술의 핵심 기능은 욕구의 창조에 있다. 이전에는 존재하지 않던 욕망들을 사람들에게 불러 일으키는 것이다"라고 갤브레이스는 말한

애덤 스미스 『도덕감정론』 읽기

다. 심리적 욕망은 현시적 소비나 전시효과를 부추기는 광고술에 의존하는데 갤브레이스는 이를 의존효과라고 부른다. (T. 부크홀츠, 1997, 252-253)

기업의 제품 선전 광고는 끊임없이 자기 과시를 부추긴다. 내가 특정한 제품의 브랜드를 소비할 수 있다는 것은 나의 사회 경제적 지위를 드러내는 가장 효과적인 방법이다. 나라는 존재는 다름 아닌 내가 소비하는 것으로 대표되고, 타인에게는 내가 소비하는 것으로 인식된다. 스미스는 타인의 시선에 민감하게 반응하거나 자기 과시를 맹목적으로 추구하는 경향이 공감에 기반한 사회 질서가 초래한 불가피한 (그러나 결국은 용인 가능한) 비용이라고 간주하였다. 그러나 오늘날 소비주의에 대한 탐닉이 지배적 경향이 된 상황에서 그것의 부정적 효과는 스미스가 생각한 것보다 더 클 수 있다.

우리의 선택을 박탈하고, 우리의 선호를 조작하며, 우리의 의지를 왜곡시키는 매스미디어 광고가 상업사회의 필수적인 요소라면 우리의 자유는 크게 위협받을 공산이 크다. 광고 문제에 대한 심리학 연구들 역시 이 점을 우려하고 있다. 특히 행위주의에 기반한 연구들의 보고에 따르면 매스미디어를 통한 제품 정보의 공급은 대중들에게 일종의 자극을 가하는 과정이고, 이러한 자극에 대해 대중들은 기계적으로 그리고 일률적으로 반응한다. 주기적으로 동일한 광고에 노출된 사람들은 이제 마치 '파블로프의 개'처럼 반응할 것이다.

그 방법이란 개를 사용한 파블로프의 유명한 조건반사적 실험과 유사하다. 벨이 울리면 개는 침을 흘린다. 이 과정에서 그 어떤 사고 과정도 개입하지 않는다. 무성찰적 반사행동, 이것이 숨겨진 설득자의 목적이다. (Franklyn S. Haiman: Michelle R. Nelson 2013, 117 재인용)

(광고: 인용자) 조작의 효과는 무엇인가? 그것은 뻔뻔스럽고 노골적인 설득인가, 아니면 숨겨진 설득자의 경우처럼 미묘한 동기 부여인가? 우리는 기계적인 욕구 성향을 가진 로봇 세계의 국민들이 될 것인가? (Theodore Levitt: Michelle R. Nelson 2013, 117 재인용)

매스미디어 광고는 우리 행동을 조종하는 일종의 숨어있는 설득자(hidden persuader)이며 이 설득은 은밀하게 이루어지므로, 우리가 그 과정에 주도적으로 개입할 여지는 사라진다. 물론 외부로부터의 자극에 반응하는 과정에서 우리 마음이나 정신이 아무런 기여를 하지 않는다는 것은, 즉 사람들이 글자 뜻 그대로 파블로프의 개처럼 행동한다는 것은 지나친 과장일 수 있다. 그러나 이를 염두에 둔다 할지라도 우리가 우리 의지와 무관하게 외부로부터 조종될 수 있다는 위험이 존재하는 것은 여전히 사실이다. 우리는

애덤 스미스 『도덕감정론』 읽기

언제나 상업사회에 포획된 포로들이며, 포로들에게 참된 자유란 불가능하다.

이 주제에 대한 그의 통찰과 경고에도 불구하고 결과적으로 스미스는 문제의 심각성을 과소평가하였는데 여기에는 좀 더 근본적인 원인이 있다. 스미스가 그 중요한 일원이었던 스코틀랜드 계몽주의의 경우 자유는 단지 외적 강제로부터 자유로운 상태를 의미하며, 특히 여기서 강제는 물리적 억압에 국한된다.[5] 따라서 비록 광고가 외부로부터의 주입이라고는 하지만 개인을 강압적으로 제약하는 것은 아니므로 그것을 자유에 대한 본격적 침해라고 보기 어렵다. 기본적으로 모든 개인은 외부로부터 주어진 정보를 사용해 독립적으로 의사결정 내릴 수 있는 존재이기 때문이다. (개인을 사회적 맥락에 의존하는 존재로 보는 대신, 고립적 자립적 존재로 간주하는 것 역시 스미스가 포함된 경제적 자유주의의 기본 가정이다) 자유에 관한 특정한 견해와 입장으로 인해 스미스는 오늘날 상업사회가 직면하고 있는 보다 근본적인 자유의 침해를 완전히 이해할 수 없다. 스미스에 따르면 인간은 여론에 휘둘리는 연약한 존재이지만 그럼에도 그는 이 여론이 대기업 체제에 의해 체계적으로 구성되고 강제되는 것을 알 수 없었다.

---

5   자유에 관한 이러한 견해는 영국 경험론의 입장에 기반을 두고 있다. 자유 개념에 대한 영국 경험론과 독일 관념론 사이의 입장 차이에 관해서는 박세일 (2014)를 참고할 것.

종합해보자면 상업사회는 분명 인류 문명 진보의 여정에서 커다란 성취를 가져다 주었다. 그것은 역사상 처음으로 모든 개인들에게 생계 유지에 필요한 최소한의 부를 제공할 가능성을 실현하였고, 사회 대다수를 전제와 압박으로부터 해방시켰으며, 개인의 자유를 억압하지 않고서도 그의 안전을 신장시키는 데 성공하였다. 이는 부인할 수 없는 상업사회의 성취인데 스미스는 이 성공이 행복을 달성하기 위한 중요한 조건이라고 보았다. 그러나 오늘날 관점에서 상업사회를 다시 평가해보자면 스미스가 지나치게 낙관적이었음을 부정할 수 없다. 오늘날 우리가 사는 사회는 여전히 사회적 불평등과 빈곤의 문제가 해결되지 않고 만연해 있으며, 정치가들의 매스미디어 동원과 대기업의 마케팅 전략은 사회 여론을 조작하고 개인 선호를 변조하여 선택의 자유를 훼손하고 있다.

결국 오늘날 우리 사회는 동일한 상업사회이지만 그럼에도 불구하고 18세기 스미스 시대와는 다르다는 점을 상기하여야 한다. 스미스 시대 상업사회는 인간의 부와 자유의 영역에서 많은 성취를 달성하였지만, 인간의 목표는 계속 상향되어 왔으며 개인의 기대는 더 커져왔고 행복의 요건은 더 엄격해졌다. 요컨대 우리의 기준은 일종의 무빙 타겟(moving target)이고 18세기의 성취만으로는 더 이상 만족할 수 없는 상태에 이르게 된 것이다. 바로 이 점에서 스미스의 역사성 및 한계성이 드러난다고 볼 수 있다.

＊　　＊　　＊

애덤 스미스 『도덕감정론』 읽기

그럼에도 스미스 사상에 대해 마지막 변호의 말을 덧붙어야겠다. 아무리 뛰어난 천재라 할지라도 그는 자신의 사회와 시대라는 장벽을 뛰어넘기 힘들다. 그리고 각 사회와 시대는 그 나름의 고유한 문제의식과 시대정신이 있기 마련이다. 따라서 우리는 어떤 사상가의 견해를 청취할 경우 어쩔 수 없이 발생하는 이러한 제약을 충분히 고려할 필요가 있다. 앞서 검토한 스미스의 한계는 사실 스미스의 한계라기보다 인간 일반의 한계 그리고 시대의 한계라고 보아야 타당하다. 우리는 그의 사상을 평가할 때 무엇보다도 그가 매뉴팩추어와 절대왕정의 시대에 속한 사람임을 늘 상기하여야 한다. 그의 시대에는 거대한 자동 공정 설비도 없었으며, 생산은 소규모 수공업의 형태로 이루어졌다. 외국과의 교역은 오직 국왕의 승인을 받은 소수의 독점 대상인만이 참가할 수 있었고, 이는 특혜와 불공정을 야기하였다. 또한 빈민들을 위한 사회복지제도는 형식적인 구빈법을 제외하고는 전무하였고, 사회적 약자들은 방치되었다. 이러한 상황 속에서 그는 분업과 교환, 축적의 힘을 깨달았고, 중상주의의 편협함을 맹렬히 비난하였으며, 노동자와 빈민에 대해 깊은 애정을 보여주었다. 우리는 그의 역사성을 올바르게 이해할 경우라야 비로소 그의 현재성에 대해 올바른 평가를 내릴 수 있다.

참고문헌

애덤 스미스 저작

국내문헌

A. 스미스 저, 김광수 역, 『도덕감정론』, 한길사, 2016.

A. 스미스 저, 박세일, 민경국 공역, 『도덕감정론』, 비봉출판사, 2014.

A. 스미스 저, 김수행 역, 『국부론 (상, 하)』, 비봉, 2007.

A. 스미스 저, 서진수 역, 『법학강의』, 자유기업원, 2002.

A. 스미스 저, 정명진 역, 『정의에 대하여: 애덤 스미스가 스코틀랜드 글래스고 대학에서 한 강의』, 부글북스, 2016.

A. 스미스 저, 벤자민 로지 편, 박순성 역, 『애덤 스미스의 지혜』, 자유기업센터, 1998.

국외문헌

Adam Smith, *Lectures on Jurisprudence*, Edited by R. L. Meek, D. D. Raphael, and P. G. Stein, Oxford: Oxford University Press, 1978.

2차 문헌

국내문헌

김상봉 저, 『호모 에티쿠스: 윤리적 인간의 탄생』, 한길사, 1999.

다카시마 젠야 저, 김동환 역, 『애덤 스미스: 도덕을 추구했던 경제학자』, AK(에이케이)커뮤니케이션즈, 2020.

도메 다쿠오 저, 우경봉 역, 『지금 애덤스미스를 다시 읽는다: 「도덕감정론」과 「국부론」의 세계』, 동아시아, 2010.

류동민 저, 『마르크스가 내게 아프냐고 물었다』, 위즈덤하우스, 2012.

박세일 저, 「아담 스미스의 도덕철학 체계: 철학, 윤리학, 법학, 경제학의 내적 연관에 대한 통일적 파악을 위하여」, A. 스미스 저, 박세일, 민경국 공역, 『도덕감정론』, 비봉출판사, 2014.

볼테르 저, 이봉지 역, 『철학편지』, 문학동네, 2019.

이마미치 도모노부 저, 이영미 역, 『단테 「신곡」 강의』, 교유서가, 2022.

조현수 저, 『애덤 스미스의 도덕감정론: 국부론의 철학적 토대』, 진인진, 2002.

A. 캘리니코스 저, 박형신 외 4인 역, 『사회이론의 역사』, 한울아카데미, 2015.

A. O. 허시먼 저, 노정태 역, 『정념과 이해관계: 자본주의의 승리 이전에 등장한 자본주의에 대한 정치적 논변들』, 후마니타스, 2020.

B. 호이저 저, 윤시원 역, 『클라우제비츠의 전쟁론 읽기』, 일조각, 2016.

C. L. S. 몽테스키외 저, 이자호 역, 『어느 페르시아인의 편지』, 문학과지성사, 2022.

D. 고티에 저, 김형철 역, 『합의 도덕론』, 철학과 현실사, 1993.

D. 애쓰모글루, J. A. 로빈슨 공저, 장경덕 역, 『좁은 회랑: 국가, 사회 그리고 자유의 운명』, 시공사, 2020.

D. C. 라스무센 저, 조미현 역, 『무신론자와 교수: 데이비드 흄과 애덤 스미스, 상반된 두 거장의 남다른 우정』, 에코리브르, 2018.

D. D. 라파엘 저, 변용란 역, 『(경제학의 아버지) 애덤 스미스』, 시공사, 2002.

E. 프롬, 「나 자신이 될 용기」, 『뉴필로소퍼』, 제22권, 바다출판사, 2023.

E. K. 헌트, M. 라우첸하이저 저, 홍기빈 역, 『E. K. 헌트의 경제사상사』, 시대의 창, 2015.

F. A. 하이에크 저, 민경국, 서병훈, 박종운 공역, 『법, 입법 그리고 자유』, 자유기업원, 2018.

G. W. F. 헤겔 저, 김준수 역, 『정신현상학 1』, 아카넷, 2022.

G. 시르베크, N. 길리에 공저, 윤형식 역, 『서양철학사』, 이학사, 2016.

G. 에스핑-앤더슨 저, 박시종 역, 『복지 자본주의의 세 가지 세계』, 성균관대학교 출판부, 2007.

H. 조지 저, 김윤상 역, 『진보와 빈곤』, 비봉출판사, 2016.

J. B. 와이트 저, 이경식 역, 『누가 스미스 씨를 모함했나』, 북스토리, 2020.

J. J. 루소 저, 주경복 역, 『인간 불평등 기원론』, 책세상, 2018.

J. M. 케인스 저, 이주명 역, 『고용, 이자, 화폐의 일반이론』, 필맥, 2010.

J. S. 밀 저, 박동천 역, 『정치경제학 원리 1: 사회철학에 대한 응용을 포함하여』, 나남출판, 2010.

J. 롤스 저, 황경식 역, 『정의론』, 이학사, 2003.

K. 마르크스 저, 김수행 역, 『자본론: 정치경제학 비판 I(상)』, 비봉출판사, 2015.

K. 마르크스, F. 엥겔스 저, 최인호 역, 「공산주의당 선언」, 『칼 맑스 프리드리히 엥겔스 저작선집 1』, 박종철출판사, 1991.

L. N. 톨스토이 저, 김근식 역, 『참회록, 인생의 길』, 동서문화사, 2017.

L. N. 톨스토이 저, 이철 역, 『예술이란 무엇인가』, 범우사, 2019.

N. 호손 저, 고정아 역, 『큰바위 얼굴』, 바다출판사, 2010.

P. K. 딕 저, 박중서 역, 『안드로이드는 전기양의 꿈을 꾸는가?』, 현대문학, 2013.

R. P. 핸리 저, 안종희 역, 『내 인생을 완성하는 것들』, 위즈덤하우스, 2020.

R. 로버츠 저, 이현주 역, 『내 안에서 나를 만드는 것들』, 세계사, 2015.

R. 하일브로너 저, 장상환 역, 『세속의 철학자들: 위대한 경제사상가들의 생애, 시대와 아이디어』, 이마고, 2005.

S. 보울스, H. 진티스 공저, 차성수, 권기돈 공역, 『민주주의와 자본주의: 재산, 공동체 그리고 현대 사회사상의 모순』, 백산서당, 1994.

S. 플레이쉐커 저, 강준호 역, 『분배적 정의의 소사』, 서광사, 2007.

T. 부크홀츠 저, 류현 역, 『죽은 경제학자의 살아있는 아이디어』, 김영사, 1997.

T. 베블런 저, 한성안 역, 『유한계급론』, 현대지성, 2018. (전자도서)

W. 킴리카 저, 장동진 역, 『현대 정치철학의 이해』, 동명사, 2018.

국외문헌

A. O. Hirshman, "Rival Interpretations of Market Society: Civilizing, Destructive or Feeble?", *Journal of Economic Literature*, 20(4), pp. 1463-1484, 1982.

A. S. Skinner, "Smith, Adam (1723-1790)", S. N. Durlauf and L. E. Blume eds., *New Palgrave Dictionary of Economics*, 3rd edition, Palgrave Macmillan, 2018.

C. J. Berry, *Adam Smith: A Very Short Introduction*, Oxford University Press, 2018.

D. C. Rasmussen, *The Problems and Promise of Commercial Society: Adam Smith's Response to Rousseau*, Pennsylvania State University Press, 2009.

D. D. Raphael, *The Impartial Spectator: Adam Smith's Moral Philosophy*, Oxford University Press, 2009.

E. Fromm, *Man for Himself*, Routledge & Kegan Paul Ltd., 1950.

E. Gibbon, "A Letter to Adam Ferguson", Dickson, *Transactions of the Royal Society of Edinburgh*, vol. XXIII, Robert Grant & Son, 1864.

E. Halévy, *The Growth of Philosophical Radicalism*, Augustus M. Kelly, 1970.

E. Rothschild, *Economic Sentiments: Adam Smith, Condorcet, and the Enlightenment*, Harvard University Press, 2002.

G. Esping-Andersen, *The Three Worlds of Welfare Capitalism*, Polity Press, 1990.

I. Hont, *Politics in Commercial Society: Jean-Jacques Rousseau and Adam Smith*, Harvard University Press, 2015.

I. Simpson Ross, *The Life of Adam Smith*, Oxford University Press, 2010.

K. Haakonssen, Introduction, in A. Smith, *The Theory of Moral Sentiments*, Cambridge University Press, 2002.

M. R. Nelson, "The Hidden Persuader: Then and Now", *Journal of Advertising*, March, 2013.

N. Phillipson, *Adam Smith: An Enlightened Life*, Yale University Press, 2010.

S. Fleischacker, *A Short History of Distributive Justice*, Harvard University Press, 2005.

경북대학교 인문교양총서